Reclams Städteführer Stuttgart

Reclams Städteführer · Architektur und Kunst

Stuttgart

Von Cord Beintmann

Mit 21 Abbildungen und 6 Karten

Reclam

RECLAMS UNIVERSAL-BIBLIOTHEK Nr. 14158
2021, 2023 Philipp Reclam jun. Verlag GmbH,
Siemensstraße 32, 71254 Ditzingen
Durchgesehene Ausgabe 2023
Umschlagabbildung: Königsbau mit Kunstmuseum
(Foto: © Eberhard Rapp)
Druck und Bindung: EsserDruck Solutions GmbH,
Untere Sonnenstraße 5, 84030 Ergolding
Printed in Germany 2023

ISBN 978-3-15-014158-8
www.reclam.de

Inhalt

Stuttgart – Wirtschaftszentrum und Kulturmetropole 7

Stadtgeschichte in Daten 21

Kulturkalender 27

Rundgänge 29

Das Zentrum rund um Königstraße, Schlossplatz und Schlossgarten 31

Vom Rathaus in den Westen und Süden 76
- Der Westen 96
- Der Süden 102

Der Norden: vom Europaviertel über die Weißenhofsiedlung nach Zuffenhausen 114
- Zuffenhausen und Rot 139

Vom Osten an den Neckar 142
- Von Bad Cannstatt in die weitere Umgebung 150

Ludwigsburg und Marbach am Neckar 159
- Ludwigsburg 159
- Marbach am Neckar 174

Museen in Stuttgart 177

Anhang

Übersichtskarte 189

Nachweis der Karten und Abbildungen 190

Weiterführende Informationen 191
Literaturhinweise · Internetseiten

Register 196

Zum Autor 200

Stuttgart – Wirtschaftszentrum und Kulturmetropole

Stuttgart ist vielgestaltig. Eine Stadt mit einer Topografie, die berückende Ausblicke bietet, Zentrum eines der wichtigsten wirtschaftlichen Ballungsräume der Republik, Ort mit baulichen Beispielen für alles, was das 20. Jahrhundert architektonisch ausmacht, einschließlich zweier hervorragender Beispiele für das »Neue Bauen« der 1920er Jahre mit dem Status des Weltkulturerbes. Stuttgart hat Architekturfakultäten an drei Hochschulen und die größte Architektendichte in Deutschland. Mit seinen Museen, einem renommierten Ballett und einer mehrfach ausgezeichneten Oper ist es eine spannende Kunstmetropole. Dennoch hat diese Stadt keine selbstverständliche Anziehungskraft, sie gilt vor allem als Wirtschaftsstandort. Doch Stuttgart ist weit mehr als das, möchte erst entdeckt werden – und das lohnt sich unbedingt.

Bereits um 85/90 n. Chr. errichten die Römer auf dem Areal des heutigen Stadtteils Bad Cannstatt ein Kastell für eine Reitertruppe, und etwa 950 legt, so heißt es, Herzog Liudolf von Schwaben im Gebiet des heutigen Stuttgart ein Gestüt (»Stuotgarten«) an. Urkundlich taucht der Ortsname zum ersten Mal 1229 in einer Papsturkunde auf (»Stutkarcen«), und als Stadt (»stat«) findet Stuttgart erstmalig 1286 Erwähnung. Nach 1070 erbaut das adlige Geschlecht der Württemberger auf dem Wirtemberg im heutigen Stadtteil Rotenberg seine Stammburg, die 1819 abgebrochen wird. Heute schaut man von dort oben auf das industrielle Stuttgart und das Stadion des VfB. Stuttgart aber ist um 1200 erst einmal badisch. Markgraf Hermann V. von Baden baut um eine bereits existierende Ansiedlung eine ovale Stadtanlage. Um 1248 ehelicht Graf Ulrich I. von Württemberg eine Tochter des badischen Markgrafen und erhält Stuttgart als Hochzeitsgabe, danach wird Stuttgart württembergisch. Im 14. Jahrhundert rivalisiert Stuttgart mit Esslingen, damals Reichsstadt (und heute einen Ausflug wert). 1311 zerstören die Esslinger das württembergische Familienstift mit Grablege in Beutelsbach bei Stuttgart. 1321 verlegt Graf Eberhard Stift und Grablege von Beutelsbach in die 1240 als spätromanische Basilika erbaute Stuttgarter Stiftskirche. Stuttgart wird Verwaltungszentrum Württembergs.

Was passiert baulich in Stuttgart, das um 1350 rund 3500 Einwohner hat? Nach 1320 wird die Dürnitz errichtet, der Kernbau des heutigen Alten Schlosses. Ende des 14. Jahrhunderts entsteht außerhalb der Stadtmauer ein neues Quartier, die Leonhards- und Esslinger Vorstadt (heute Bohnen- und Leonhardsviertel um die Leonhardskirche). Hier lassen sich Handwerker nieder. Graf Eberhard der Milde lässt im frühen 15. Jahrhundert die Hauptstätter Straße, die zentrale Achse der neuen Vorstadt, als Markt nach dem Vorbild des Prager Wenzelsplatzes anlegen. Einen Entwicklungsschub erlebt Stuttgart unter Graf Ulrich V. dem Vielgeliebten: Nördlich der Stadt entsteht Mitte des 15. Jahrhunderts eine zweite, schachbrettartige Erweiterung, die »Turnierackervorstadt«, später »Reiche Vorstadt« genannt. Auf dem Marktplatz wird das »Herrenhaus« errichtet, Kaufhaus und Sitz des Stadtgerichts. Außerdem entsteht am Standort des heutigen Rathauses 1460–68 ein Rathaus der Bürger. Ab 1436 wird die Stiftskirche zur spätgotischen Hallenkirche umgebaut, und zwei Kirchen werden neu errichtet: um 1463–70 die Leonhardskirche und 1471–93 die Hospitalkirche. Alle drei Kirchen bestehen noch heute. Im 15. Jahrhundert wird Württemberg geteilt, mit zwei Residenzen: Stuttgart und Urach. Nach der Wiedervereinigung des Landes 1492 unter Graf Eberhard V. im Bart wird Stuttgart Haupt- und Residenzstadt Württembergs, das 1495 zum Herzogtum wird.

Bauernkrieg und Reformation sind herausragende Ereignisse des 16. Jahrhunderts. Bereits 1514 schließen sich aufständische Bauern und auch Bürger aus der Umgebung von Stuttgart zum Bündnis »Armer Konrad« gegen die Notlage der Unterschicht zusammen. Nach dem Scheitern des Aufstands werden acht seiner Anführer auf dem Stuttgarter Marktplatz hingerichtet. 1525 ziehen 6000 aufständische Bauern in Stuttgart ein. Jerg Ratgeb, Schöpfer des Herrenberger Altars, eines herausragenden Kunstwerks von ungewöhnlicher Expressivität, das sich heute in der Stuttgarter Staatsgalerie befindet, verhandelt als Stuttgarter Ratsherr mit den aufständischen Bauern, die ihn zu ihrem Kanzler wählen. 1526 wird er in Pforzheim grausam hingerichtet. Herzog Ulrich, brutaler Herrscher und Mörder, wird 1519 verbannt, Stuttgart gerät 1520 unter österreichische Herrschaft, bis Ulrich Stadt und Land 1534 wiedererobert. Im selben Jahr wird in Stuttgart die Reformation eingeführt: Am 16. Mai hält Konrad Oettinger in der Stiftskirche die erste evangelische Predigt. Markante Bauten unterstreichen Stuttgarts Status als Residenz. Eine neue Kanzlei (1542–44) ist der erste Renaissancebau der Stadt (heute »Alte Kanzlei«). Ab 1553 wird das Alte Schloss im Renaissancestil ausgebaut und ein Lustgarten mit der ersten deutschen Orangerie angelegt, in dem 30 Jahre später ein herausragender Renaissancebau entsteht, das Neue Lusthaus. Nach dieser Blütezeit erleidet Stuttgart im Dreißigjährigen Krieg mehrfache Besatzungen durch kaiserliche Truppen, Hungersnöte und die Pest. Stuttgart hat nur noch 4500 Einwohner – vor Beginn des Krieges waren es knapp 10 000 gewesen.

Zu Beginn des 18. Jahrhunderts, als wieder rund 13 000 Menschen in der Stadt leben, entwickelt sich eine Rivalität zwischen Stuttgart und Ludwigsburg. Denn ab 1704 lässt Herzog Eberhard Ludwig Schloss Ludwigsburg und ab 1715 die Planstadt Ludwigsburg erbauen. 1718–34 unter Eberhard Ludwig

Matthäus Merian d. Ä., *Lustgarten zu Stuttgart* (1624; Staatsgalerie). Gebäude im Hintergrund von rechts nach links: Neues Lusthaus, Stiftskirche, Altes Schloss

und 1764–75 unter Herzog Carl Eugen wird die Residenz nach Ludwigsburg verlegt. Die Regentschaft des bauwütigen Barockmenschen Carl Eugen ist für Stuttgart und seine Umgebung eine Zeit kultureller Blüte; in und bei Stuttgart entstehen eine Reihe bedeutender Bauten: ab 1746 das Neue Schloss, 1763–70 Schloss Solitude, 1785–93 Schloss Hohenheim. Schillers Vater Johann Caspar Schiller ist jahrelang Leiter der aufwendigen Gartenanlage von Schloss Solitude. In eine 1740 errichtete, hinter dem Neuen Schloss gelegene Kaserne wird 1775 die Militärakademie verlegt, die 1781 den Rang einer Universität erhält. Auf der Akademie beginnt Friedrich Schiller 1777 als Medizinstudent mit der Arbeit an den *Räubern*. Im selben Jahr wird im Herrenhaus am Marktplatz die erste öffentliche Bibliothek mit 100 000 Bänden eingerichtet.

Herzog Friedrich II. erhält 1803 die Kurfürstenwürde, 1806 erhebt Napoleon ihn zum König. Durch den Reichsdeputationshauptschluss 1803 und spätere Verträge verdoppelt Württemberg bis 1810 seine Fläche. König Friedrich I. möchte Stuttgarts gesteigerter Bedeutung als Hauptstadt eines Königreiches ein repräsentativeres Erscheinungsbild verleihen. Friedrich und sein Nachfolger Wilhelm I. initiieren vielfältige Bauaktivitäten. Neue Stadtviertel entstehen, ab 1811 die Friedrichsvorstadt und die Tübinger Vorstadt, das heutige Gerberviertel. Mit der Anlage und Bebauung diverser Straßen (darunter die Untere Königstraße als Magistrale, die Friedrichstraße, die Planie als Flanierstraße sowie die Neckar-, Charlotten- und Paulinenstraße) werden zentrale Achsen festgelegt, die noch heute große Bedeutung für die Mobilität in der Stadt haben. An der Stelle des Lustgartens entsteht ab 1808 der Schlossgarten als öffentlicher Park.

Unter König Wilhelm I. werden eine Reihe prägnanter Bauwerke errichtet: das Schloss Rosenstein, das Wilhelmspalais (heute »StadtPalais«, das Stuttgarter Stadtmuseum), die Grabkapelle auf dem Württemberg, der Cannstatter Kursaal, die Wilhelma und das Wilhelma-Theater, die Villa Berg, das Kronprinzenpalais, der Königsbau und der erste Bahnhof, in den 1846 die erste Lokomotive einfährt. Auch politischer Fortschritt ist zu verzeichnen: Ab 1818 wählen die Bürger den Stuttgarter Gemeinderat, 1819 wird Württemberg eine konstitutionelle Monarchie. 20 Jahre später endet in Stuttgart ein bedeutsames Ereignis der deutschen Geschichte, die (gescheiterte) Revolution 1848/49. Das »Rumpfparlament« der Frankfurter Nationalversammlung, etwa 100 Abgeordnete, wird von der württembergischen Regierung aufgelöst. Auf Wilhelm I. folgt 1864 der liberalere König Karl. 1868 findet die erste Landtagswahl mit allgemeinem und direktem Wahlrecht statt. Karls Nachfolger Wilhelm II., Württembergs letzter Monarch, regiert von 1891 bis 1918.

Stuttgart ist Württembergs kulturelles Zentrum. Eine Reihe bekannter deutscher Dichter leben im 19 Jh. in der Stadt, Wilhelm Hauff, Georg Herwegh, Nikolaus Lenau, Eduard Mörike, Wilhelm Raabe und Ludwig Uhland. 1810 zieht Johann Friedrich Cotta, Verleger Goethes und Schillers, von Tübingen nach Stuttgart. 1843 eröffnet die Staatsgalerie. 1829 wird eine »Kunstschule« eingerichtet, ab 1867 »Akademie« und 1901 »Königliche Akademie der Bildenden Künste«. 1818 gründet König Wilhelm I. in Hohenheim die »Landwirtschaftliche Unterrichts-, Versuchs- und Musteranstalt« (seit 1967 Universität). 1832 eröffnet die Gewerbeschule (ab 1890 Technische Hochschule, ebenfalls ab 1967 Universität). 1886 wird der Neubau der Königlichen Öffentlichen Bibliothek eröffnet.

Industrialisierung und – damit aufs Engste verknüpft – neue Stadtviertel prägen Stuttgarts Entwicklung in der zweiten Hälfte des 19. Jahrhunderts. 1852 hat die Stadt 50 000 Einwohner, im Jahr 1900 sind es 177 000 und 1910 bereits 286 000. Aus der behaglichen Landstadt Stuttgart wird eine industrielle Großstadt. Bis zum Zweiten Weltkrieg steigt die Einwohnerzahl auf 458 000. Einige Ortschaften werden eingemeindet; Cannstatt, ab 1933 Bad Cannstatt, wird 1905 mit Stuttgart vereinigt. 1832 finden sich in der württembergischen Hauptstadt 17 Fabriken mit 600 Beschäftigten, 1861 bereits 173 Betriebe mit 3500 Mitarbeitern u. a. in den Branchen chemische Produktion, Möbelfabrikation, Maschinenindustrie, Musikinstrumentenbau und Buchdruck. Stuttgart wird zu einer bedeutenden Verlagsstadt. Robert Bosch eröffnet 1886 eine Werkstätte für Feinmechanik und Elektrotechnik. Im selben Jahr stellt Gottlieb Daimler in Cannstatt das erste vierrädrige Automobil der Welt vor, 1890 wird in Cannstatt die Daimler-Motoren-Gesellschaft gegründet. Nikolaus Friedrich von Thouret und Eberhard von Etzel erstellen zwischen 1818 und 1832 Bebauungspläne für Stuttgart mit einem rasterförmigen Erschließungskonzept für weitere Stadtviertel. Ab den 1840er Jahren dehnt sich die Stadt bis in das 20. Jahrhundert hinein im westlichen Talkessel gemäß dieser Rasterstruktur aus. Im Osten geht die Erweiterung von der Olgastraße aus; das strenge Rasterschema wird hier wegen des ansteigenden Geländes bisweilen durch diagonal geführte »Berglehne-Straßen« durchbrochen. Im Westen ist die Rotebühlstraße Ausgangspunkt der Erweiterung. Die besonders breite Johannesstraße wird dort als Boulevard angelegt und führt auf die neogotische Johanneskirche zu, deren Lage an einem kleinen See an Bildmotive der Romantik erinnert. Die orthogonale Struktur ist trotz Nachkriegsbauten noch heute charakteristisch für den Westen, diesen großen und als Wohnlage beliebten Stadtteil. Auch im Süden, der durch den Schwabtunnel (1896) mit dem Westen verbunden ist, herrscht die schachbrettartige Bebauung vor. Ein Ortsbaustatut legt 1874 fest, dass der Mindestabstand zweier Vorderhäuser, der sog. Bauwich, exakt 2,87 m betragen muss. Die Haushöhe ist auf die Straßenbreite abzustimmen, darf aber nicht über 20 m hinausgehen, und die Gebäude sind in Massivbauweise zu errichten. Gebaut werden großbürgerliche Stadtpalais im Stil des Spätklassizismus und der italienischen Renaissance, vor allem aber vier- bis fünfgeschossige Mietshäuser in der zeitüblichen Formensprache des Historismus. Trotz massiver Veränderungen durch Kriegszerstörungen und Nachkriegsabrisse bieten die Stadtviertel des 19. Jahrhunderts in der Gegenwart eine Urbanität, die hochgeschätzt wird. Ende des 19. Jahrhunderts werden die Hänge des Kessels mit freistehenden Häusern wohlhabender Bürger bestückt, dazu entstehen kurvenreiche Panoramastraßen mit fulminanten Ausblicken auf die Stadt. Ein Charakteristikum Stuttgarts sind die vielen öffentlichen Treppen an den Hängen des Kessels, von den Stuttgartern »Stäffele« genannt.

Wohnungsnot führt ab den 1890er Jahren zur Errichtung zahlreicher – auch architekturgeschichtlich interessanter – Arbeitersiedlungen, darunter das Eisenbahnerdörfle, Ostheim, die Falterau und Gartenstadt Luginsland. Kurz vor dem Ersten Weltkrieg entstehen in der Innenstadt einige bedeutende Bauten: ein neues Rathaus (1905), das Gustav-Siegle-Haus (1912) und das Kunstgebäude (1913), Oper und Schauspielhaus (1912), die Markthalle (1914), bis heute eine große Attraktion für Stuttgart-Touristen, und der Hauptbahnhof (1914–28), ähnlich wie die Markthalle ein Gelenkbauwerk zwischen Historismus und Moderne. Mit Konrad Lange wird 1901 erstmals ein Kunsthistoriker Direktor der Staatsgalerie, die Anfang des 20. Jahrhunderts Werke französischer und deutscher Impressionisten erwirbt. Im selben Jahr wird Theodor Fischer Professor der Architektur an der Stuttgarter Technischen Hochschule. Er hat in Stuttgart die Heusteigschule, die Erlöserkirche, das Gustav-Siegle-Haus und das Kunstgebäude entworfen, ist ein Vertreter der sog. Reformarchitektur und lehnt Historismus und Jugendstil ab, verwendet aber traditionelle Elemente; wichtig sind ihm regionale Bezüge und die stadträumliche Einbindung seiner Bauten. Seinen Studenten gewährt er viel Freiheit. So werden aus ihnen ganz unterschiedlich orientierte Architekten – unter ihnen Bruno Taut, Erich Mendelsohn, Ernst May, Paul Bonatz und Paul Schmitthenner. Ebenfalls im Jahr 1901 erhält der Maler, Architekt und Designer Bernhard Pankok, Mitbegründer des avantgardistischen Deutschen Werkbundes, eine Professur an der Stuttgarter Königlichen Lehr- und Versuchswerkstätte. Ein weiterer Wegbereiter der Moderne, der Maler Adolf Hölzel, wird 1905 Professor an der Stuttgarter Kunstakademie. Max Ackermann, Willi Baumeister, Ida Kerkovius und Oskar Schlemmer studieren bei Hölzel. Das Kunstgebäude von Theodor Fischer wird 1913 eröffnet, ebenso die Kunstgewerbeschule (heute der Altbau der Kunstakademie) von Ludwig Eisenlohr, Bernhard Pankok und Oscar Pfennig.

1918 muss Württembergs König Wilhelm II. abdanken. In der ersten deutschen Republik entfaltet sich auf dem Feld von Architektur und Kunst in Stuttgart Avantgardistisches. Die Stadt, die – wie noch heute – mit einem Image der Biederkeit zu kämpfen hat, ist Schauplatz einer aufregenden Vielfalt von Bauten (größtenteils erhalten). Drei architektonische Stilrichtungen zeigen sich hier bis zum Ende der Weimarer Republik. Die sog. »Stuttgarter Schule«, eine neue, stark praxisorientierte Architektenausbildung, wird von Paul Bonatz, Paul Schmitthenner und Heinz Wetzel zu Beginn der 20er Jahre an der Technischen Hochschule eingeführt. Zugleich ist die »Stuttgarter Schule«, als deren Vorläufer Theodor Fischer gilt, eine eher traditionell-regionalistische Stilrichtung, die sich bisweilen aber auch offen für moderne Formen zeigt. Ihre Hauptvertreter Bonatz und Schmitthenner entwerfen in Stuttgart öffentliche Gebäude und eine Reihe von Villen. Die Lerchenrainschule (1909) von Bonatz zeigt eine konservative Ästhetik, er gestaltet aber auch moderne Bauten wie den Hauptbahnhof, den Zeppelinbau und die Staustufe Bad Cannstatt. Eine gemäßigte Moderne ist in Stuttgart etwa mit der Oberpostdirektion (1928) von Max Luz vertreten. Bemerkenswert sind die zahlreichen und hervorragenden Zeugnisse des »Neuen Bauens«, jener avantgardistischen und zukunftsweisenden Architektur, die Funktionalität, Konstruktivität, Rationalität und eine neue Formensprache der Klarheit und Sachlichkeit zu vereinen sucht. Eine Auswahl: der Tagblatt-Turm (1928), weltweit erstes Hochhaus in Sichtbeton; das Kaufhaus Schocken (1928; trotz Protesten 1960 abgerissen) von Erich Mendelsohn; der Mittnachtbau (1928); das kühn konstruierte Stadtbad Stuttgart-Heslach (1929), damals modernstes Schwimmbad Deutschlands; das Telegrafenbauamt von 1930; die Kreuzkirche in Stuttgart-Hedelfingen (1930) und die – von den Nationalsozialisten stark veränderte – Brenzkirche (1933). In den 1920er Jahren werden im Rahmen des kommunalen Wohnungsbaus eine Reihe von Siedlungen gebaut, etwa 1928 die Raitelsbergsiedlung in gemäßigt modernem Stil und 1930 die Wallmersiedlung entschieden modern. 1927 wird im Rahmen der Werkbund-Ausstellung »Die Wohnung« die Weißenhofsiedlung mit 21 Häusern errichtet (die bedeutendste bauliche Sehenswürdigkeit Stuttgarts). Ziel ist die Vorstellung innovativer Bauverfahren und Wohnungsgrundrisse sowie avantgardistischer Architektur. Künstlerischer Leiter des Projekts ist der Berliner Architekt Ludwig Mies van der Rohe, namhafte europäische Architekten wie Le Corbusier, Peter Behrens, Jacobus Johannes Pieter Oud und Hans Scharoun gehören zu den Teilnehmern (die beiden Häuser von Le Corbusier werden 2016 zum Weltkulturerbe ernannt). Die Siedlung findet Anerkennung im In- und Ausland, doch Stuttgarter Traditionalisten, darunter Bonatz und Schmitthenner, üben heftige Kritik. 1933 entsteht unweit der Weißenhofsiedlung unter der Leitung von Paul Schmitthenner die Kochenhofsiedlung, 25 Häuser in konventioneller Ästhetik mit Satteldächern. Wer beide Siedlungen besucht, wird den innovativen Impetus der Weißenhofsiedlung noch deutlicher wahrnehmen.

Die Ausstellung »Neue deutsche Kunst« präsentiert 1924 die künstlerische Moderne mit Werken des Expressionismus und erfährt Anerkennung von der Kunstkritik, doch der Kurator, Staatsgaleriedirektor Otto Fischer, erhält eine Rüge des Landtags. Moderne Entwicklungen in Kunst und Design zeigen auch die Werkbundausstellung »Die Form« (1924) sowie die Ausstellungen »Der Stuhl« (1928) und »Film und Foto« (1929). Bereits kurz nach der Machtübernahme der Nationalsozialisten, im Juni 1933, findet im Kronprinzenpalais die Ausstellung »Novembergeist – Kunst im Dienste der Zersetzung« mit Werken von George Grosz und Otto Dix statt, organisiert von Klaus Graf von Baudissin, Kurator der Staatsgalerie und

NSDAP-Mitglied. Für die Münchner Ausstellung »Entartete Kunst« 1937 werden zahlreiche Kunstwerke der Staatsgalerie beschlagnahmt. Bei den Reichstagswahlen im März 1933 erhält die NSDAP in Stuttgart 33,8 Prozent der Stimmen (im Reich: 43,9 Prozent). Im Mai wird der Nationalsozialist Karl Strölin Oberbürgermeister. Eine Reihe von Siedlungen in traditionellem Stil wie etwa Wolfbusch, Reisach und Am Vogelsang werden errichtet, teilweise für NS-Parteigenossen. 1935 verbietet eine neue Ortsbausatzung Flachdächer. 1938 entsteht das Gebäude der Industriehof-AG an der Ecke Lautenschlager-/Friedrichstraße, im Jahr darauf das HJ-Heim in Stuttgart-Rohr (heute eine Schule). Pläne von Großbauten wie des Gauforums, des Generalkommandos V (anstelle der Weißenhofsiedlung) und eines Reichssenders kommen wegen des Krieges nicht zur Ausführung. Die Stadt plant großzügige Straßendurchbrüche, deren Verwirklichung erst die Nachkriegszeit bringt. 1938 werden die Synagogen in der Hospitalstraße und am Cannstatter Wilhelmsplatz angesteckt und niedergebrannt. 1941–45 werden mehr als 2500 jüdische Bürger aus Württemberg vom Killesberg aus in Konzentrations- und Vernichtungslager deportiert. Durch Luftangriffe sterben über 4500 Menschen, rund 40 000 der etwa 73 000 Stuttgarter Gebäude werden vernichtet oder beschädigt, die Innenstadt wird zu 68 Prozent zerstört.

1945 wird Stuttgart, zunächst französisch, dann amerikanisch besetzt, Regierungssitz von Württemberg-Baden, danach Hauptstadt des 1952 gegründeten Bundeslandes Baden-Württemberg. Die städtebauliche Orientierung des neuen Oberbürgermeisters Arnulf Klett und seiner Stadtplaner ist definitiv auf eine moderne Stadt ausgerichtet. Der historische Baubestand interessiert kaum, Ruinen werden abgerissen. Leitbild ist die verkehrsgerechte, und das heißt autogerechte Stadt. Weiträumige Umgehungsstraßen um den Talkessel sind nicht vorgesehen. Stattdessen werden zwei breite Längsachsen gebaut. Neckar-, heutige Konrad-Adenauer-Straße und Hauptstätter Straße führen von Cannstatt bis zum Marienplatz. Heilbronner Straße, Theodor-Heuss- und Rotebühlstraße verknüpfen den Pragsattel mit dem Westen. Dazwischen spannen sich Querspangen: die Paulinenstraße, der Planiedurchbruch mit einem Straßentunnel mitten im Zentrum und der Bahnhofsvorplatz mit der Schillerstraße. Die autobahnähnlichen, für Fußgänger nur mit Mühe überwindbaren Längsschneisen durchschneiden die historische Innenstadt, zertrennen Sichtachsen und gewachsene Wegbeziehungen. Straßenflächen werden laufend erweitert. Stuttgarter »Plätze« sind oft schlichtweg Verkehrskreuzungen. Viele Stuttgarter verlassen innenstadtnahe Viertel, an der Peripherie entstehen Trabantenstädte, die Folge ist ein hohes Pendleraufkommen (das bis heute besteht).

Bauliche Rekonstruktionen empfinden auf die Moderne hin orientierte Stuttgarter in den Nachkriegsjahren als unehrlich. Leonhards-, Stifts- und Eberhardskirche werden wiederaufgebaut, aber zahlreiche Bauten werden abgerissen, darunter 1953 das älteste Haus Stuttgarts – für vier Parkplätze –, die Überreste der Hohen Carlsschule und der Landesbibliothek, das Kronprinzenpalais für ein Verkehrsbauwerk und 1960 gegen Proteste ein beispielhafter Bau des Internationalen Stils, das Kaufhaus Schocken von Erich Mendelsohn aus dem Jahr 1928. Neu gebaut wird entschieden modern. Dabei entstehen architektonisch beeindruckende Gebäude, etwa die formal ganz eigenständige Liederhalle, der elegant-schlichte Landtag oder der weltweit erste Fernsehturm in Stahlbeton. Der zerstörte Teil des Rathauses wird in sachlich-modernem Stil neu errichtet. In den 70er und 80er Jahren werden die S-Bahn und die teilweise unterirdische Stadtbahn gebaut. In dieser Zeit wächst die Kritik an der Zerschneidung der Stadträume durch dominante Verkehrsschneisen. Ein Umdenken in Richtung der Erhaltung historischer Bausubstanz führt zur Sanierung des Bohnen- und des Gerberviertels. Der Zuschauerraum des Opernhauses wird rekonstruiert, Altes Schauspielhaus und Wilhelma-Theater strahlen nach Sanierung und Restaurierung im alten Glanz. Die Internationale Gartenausstellung Stuttgart Expo 1993 erschließt neue Grünflächen; so entsteht das »Grüne U«, eine durchgehende Grünzone vom Schlossplatz über den Killesberg bis zum Kräherwald.

Die Neue Staatsgalerie, mit ihrem zitatenreichen postmodernen Stil eines der herausragenden Bauwerke der Nachkriegszeit, eröffnet 1984, das Kunstmuseum mit Werken der städtischen Sammlung 2005. Weitere architektonisch interessante Bauten des 21. Jahrhunderts sind das Mercedes-Benz Museum (2006) und das Porsche Museum (2009). Drei Bauten zeigen Historisches: 2002 wird das Haus der Geschichte Baden-Württemberg neben der Neuen Staatsgalerie eröffnet, 2018 in einem Gebäude des 19. Jahrhunderts das Museum Hotel Silber mit einer Dauerausstellung zu Polizei, Gestapo und Verfolgung und im selben Jahr im ehemaligen Wilhelmspalais aus dem 19. Jahrhundert das StadtPalais, Stuttgarts stadtgeschichtliches Museum. Das Dorotheen Quartier (2017) bietet zwischen dem Kaufhaus Breuninger, der Markthalle und dem Karlsplatz neue Wege und Sichtachsen. Hinter dem Hauptbahnhof entsteht ab 1990 das Europaviertel. Inmitten dieses städtebaulich unbefriedigenden Konglomerats von gewerblichen Bauten und großen Wohnhäusern erhebt sich seit 2011 der ungewöhnliche Kubus der Stadtbibliothek.

Kein Bauprojekt der Nachkriegszeit hat die Stuttgarter so bewegt wie »Stuttgart 21«, der Umbau des Hauptbahnhofs, eines Kopfbahnhofs, in einen unterirdischen Durchgangsbahnhof. Das bisherige Gleisgelände hinter dem Bahnhof wird frei und soll als »Rosensteinquartier« bebaut werden. Gegen jahrelangen, massiven Protest vieler Bürger beginnt 2010 der Umbau, der 2025 fertiggestellt sein soll.

Städtebaulich ist Stuttgart eine Stadt in Bewegung, und sie bleibt anziehend als Wohnort, durch behagliche Kleinteiligkeit bis hin zu dörflichen Vierteln und andererseits Varianten ganz urbanen Wohnens in Gründerzeitquartieren und Bauten des 21. Jahrhunderts, als Wirtschafts- und Wissenschaftsstandort und durch ein vielfältiges Kulturangebot.

Stadtgeschichte in Daten

um 85/90	Cannstatt ist mit einem römischen Reiterkastell ein wichtiger Stützpunkt des Neckarlimes.
um 950	Nahe der heutigen Stiftskirche soll es nach mündlicher Überlieferung ein Gestüt (»Stuotgarten«) gegeben haben.
Ende 11. Jh.	Errichtung der württembergischen Stammburg auf dem Wirtemberg im heutigen Stuttgart-Rotenberg (Burg 1819 geschleift)
um 1160	erstmaliger schriftlicher Beleg des Namens der Stadt durch Erwähnung eines Hugo de Stukarten in Akten des Klosters Hirsau
1229	erste urkundliche Nennung des Namens Stuttgart in einer päpstlichen Urkunde. Um diese Zeit sind die Markgrafen von Baden Ortsherren.
um 1248	Durch Heirat des Grafen Ulrich I. von Württemberg mit der Markgrafentochter Mathilde von Baden kommt Stuttgart an das Haus Württemberg.
1286	erste Erwähnung Stuttgarts als Stadt (»stat«)
1312	Graf Eberhard I. von Württemberg verliert den Krieg gegen Kaiser Heinrich VII. und Stuttgart kommt bis 1315 unter die Herrschaft der Reichsstadt Esslingen.
1321	Nach der Zerstörung der Stammburg Wirtemberg und der gräflichen Grablege in Beutelsbach durch die Esslinger 1311 verlegt Eberhard das württembergische Familienstift mit der Grabstätte nach Stuttgart in die um 1240 erbaute Kirche zum Heiligen Kreuz, nunmehr Stiftskirche. Stuttgart wird geistliches und administratives Zentrum Württembergs.

nach 1320	Ausbau der im 10. Jh. angelegten Wasserburg zur Residenz durch die Errichtung des Dürnitzbaus des heutigen Alten Schlosses
1334	Erwähnung eines Judenquartiers außerhalb der Stadtmauer (bis 1894 Judengasse, heute Brennerstraße)
um 1350	Stuttgart hat etwa 3500 Einwohner.
Ende 14. Jh.	Entstehung der Leonhards- und der Esslinger Vorstadt außerhalb der Stadtmauer, wo sich Handwerker niederlassen. Anlage eines Straßenmarktes – der Hauptstätter Straße – nach dem Vorbild des Prager Wenzelsplatzes
1455	Errichtung des Herrenhauses auf dem Marktplatz (Gericht und Kaufhaus)
ab ca. 1455	Anlage der Turnierackervorstadt (später »Reiche Vorstadt« genannt) nördlich der Stadt, dort Bau der Hospitalkirche (1471) und des Dominikanerklosters (1473)
1457	erster württembergischer Landtag (Vertreter der bürgerlichen Oberschicht der Städte)
1463–70	Bau der Leonhardskirche
1492	Stuttgart wird nach der Wiedervereinigung des ab 1442 geteilten Württemberg Haupt- und Residenzstadt.
1495	Kaiser Maximilian erhebt Württemberg zum Herzogtum.
1514	Aufstand des »Armen Konrad«, eines Bündnisses von Bauern und Bürgern gegen ihre Benachteiligung; nach dessen Scheitern werden acht Anführer auf dem Stuttgarter Marktplatz hingerichtet.
1516	Über Herzog Ulrich wird nach einem Mord die Reichsacht verhängt.

1520	Kaiser Karl V. wird Stadtherr Stuttgarts, Württemberg wird österreichisch.
1534	Herzog Ulrich erobert Stuttgart zurück und führt die Reformation ein. Erste evangelische Predigt in der Stiftskirche
16. Jh.	Bau der Alten Kanzlei (1542–44) und des Renaissance-Arkadenhofs des Alten Schlosses (1557–70), Erweiterung des Schlossbezirks durch den Lustgarten mit dem Neuen Lusthaus (1580–93)
1618–48	Dreißigjähriger Krieg. Stuttgart wird mehrfach von kaiserlichen Truppen besetzt. Hungersnöte und Pest (9000 Tote)
1704–33	Bau des Schlosses Ludwigsburg
1717	Widerstand von Landständen und Stadt gegen das absolutistische Regiment Herzog Eberhard Ludwigs. Als Strafe erste Verlegung des Hofes nach Ludwigsburg (1718–34)
1738	Justizmord an Joseph Süß Oppenheimer (Finanzpolitiker unter Herzog Karl Alexander)
1746–91	Bau des Neuen Schlosses
1763–69	Bau des Schlosses Solitude
1764–75	zweite Residenzverlegung nach Ludwigsburg durch Herzog Carl Eugen
1775	Verlegung der 1770 auf der Solitude gegründeten Militärakademie nach Stuttgart. 1781 Gründung der Universität, 1782 Gründung der »Hohen Carlsschule«
1785–93	Bau des Schlosses Hohenheim
1803	Durch den Reichsdeputationshauptschluss wird Herzog Friedrich II. Kurfürst.
1806	Württemberg wird Königreich. 1803–10 Verdoppelung des Staatsgebietes
1810	Johann Friedrich Cotta, Verleger von Schiller und

	Goethe, zieht von Tübingen nach Stuttgart und begründet Stuttgarts Ruf als Verlagsstadt.
ab 1811	Anlage der Friedrichvorstadt und der Tübinger Vorstadt
1817	Gemeindedeputierte als Vertreter der Bürger, ab 1818 Wahl des Gemeinderats durch die Bürger
1818	Gründung der Landwirtschaftlichen Schule Hohenheim (ab 1967 Universität)
1819	Einführung einer Verfassung unter König Wilhelm I. Württemberg wird konstitutionelle Monarchie.
1822	Der Stuttgarter Stadtschultheiß wird vom König aus drei von der Bürgerschaft gewählten Kandidaten bestimmt.
1824–30	Bau des Schlosses Rosenstein
1838–43	Bau des Museums der Bildenden Künste (heute Altbau der Staatsgalerie)
1846	Einfahrt der ersten Lokomotive in den Stuttgarter Bahnhof in der Schlossstraße
1848	Wilhelm I. hebt die Pressezensur auf.
1849	Wilhelm I. erkennt auf Druck der Regierung die von der Nationalversammlung erarbeitete Verfassung an. Das württembergische Militär verhindert den Zusammentritt nach Stuttgart geflohener Abgeordneter zum »Rumpfparlament« und löst damit die Deutsche Nationalversammlung auf.
1871	Württemberg wird Bundesstaat des Deutschen Reiches.
1885	Carl Benz baut das erste (dreirädrige) Benzinautomobil.
1886	Robert Bosch gründet sein Werk. Gottlieb Daimler fährt den weltweit ersten motorbetriebenen Wagen mit vier Rädern durch Cannstatt.

1890	Daimler gründet in Cannstatt die Daimler-Motorengesellschaft.
1900	Stuttgart hat 177 000 Einwohner.
1905	Eingemeindung von Cannstatt; damit direkter Zugang Stuttgarts zum Neckar
1909–11	Bau des Linden-Museums
1909–12	Bau des Schauspielhauses und der Oper
1909–13	Bau des Kunstgebäudes
1914–28	Neubau des Hauptbahnhofs
1918	König Wilhelm II. dankt ab. Ende der Monarchie in Württemberg. Württemberg wird als »freier Volksstaat« ein Land der ersten deutschen Republik.
1927	Bau der Weißenhofsiedlung
1936	Stuttgart wird der NS-Ehrentitel »Stadt der Auslandsdeutschen« verliehen.
1938	Die Synagogen in der Hospitalstraße und am Cannstatter Wilhelmsplatz werden angezündet und brennen nieder.
1939	Reichsgartenschau am Killesberg
1940–45	Durch 53 Bombenangriffe verlieren mehr als 4500 Menschen ihr Leben, fast 40 000 der etwa 73 000 Gebäude werden beschädigt oder zerstört, die Innenstadt wird zu 68 % zerstört.
1941–45	vom Killesberg aus zwölf Deportationen von über 2500 jüdischen Bürgerinnen und Bürgern aus Württemberg in Konzentrations- und Vernichtungslager
22. 4. 1945	ns-Oberbürgermeister Karl Strölin übergibt die Stadt der französischen Besatzungsmacht.
1953	Stuttgart wird Hauptstadt des neugebildeten Bundeslandes Baden-Württemberg.
1956	Fertigstellung des neuen Rathauses, der Liederhalle und des weltweit ersten Fernsehturms

1979–84	Bau der Neuen Staatsgalerie
1990	Stuttgart hat 569 000 Einwohner.
2002–05	Bau des Kunstmuseums
2010	Baubeginn beim höchst umstrittenen Projekt »Stuttgart 21«, dem Umbau des Hauptbahnhofs zu einem Tiefbahnhof
2018	Eröffnung des StadtPalais (Stuttgarter Stadtmuseum)
2022	Das Kunstmuseum wird als »Museum des Jahres 2021« ausgezeichnet.

Kulturkalender

Januar/Februar

Imaginale – internationales Figurentheaterfestival
Stuttgarter Filmwinter – Festival für Expanded Media
ECLAT – Festival Neue Musik
Antiquariatsmesse

März/April

Französische Wochen
Künstlermesse Baden-Württemberg
Lange Nacht der Museen

April/Mai

Frühlingsfest – Volksfest auf dem Cannstatter Wasen
Kabarettfestival im Renitenztheater
6tage frei – Tanz- und Theaterfestival der Stadt Stuttgart und des Landes Baden-Württemberg
Internationale **Theaterhaus Jazztage**

Mai/Juni

Internationales **Kinder- und Jugendtheaterfestival »Schöne Aussicht«**
Internationales **Trickfilmfestival**

Mai – Oktober

Literatursommer
SWR Doku-Festival mit Verleihung des Deutschen Dokumentarfilmpreises

Internationales Orgelfestival
SWR-Sommerfestival
Musikfest

Juli

Lichterfest im Höhenpark Killesberg
Jazzopen
Sommer in Stuttgart – Festival für Neue Musik
Afrika-Festival
Sommerfestival der Kulturen

August

Sommerfest auf dem Schlossplatz und im Oberen Schlossgarten
Weindorf
Umsonst & Draußen – Musik-Polit-Kultur-Festival

Ende September – Mitte Oktober

Cannstatter Volksfest auf dem Cannstatter Wasen

Oktober/November/Dezember

Chansongfest im Renitenztheater
Jazztage
Französische Filmtage
Made in Germany – interkulturelles Theaterfestival
Made in Stuttgart – interkulturelles Festival
Jüdische Kulturwochen
Europa Theater Treffen (SETT)
Buchwochen
Weihnachtsmarkt
Filmschau Baden-Württemberg

Rundgänge

Siehe die Karten auf der hinteren Buchklappe.

Rundgang A:

Hauptbahnhof (S. 31), Oberer Schlossgarten (S. 35), Opern- und Schauspielhaus (S. 37), Landtag (S. 38), **Staatsgalerie** (S. 40), Haus der Geschichte Baden-Württemberg (S. 178), Staatliche Hochschule für Musik und Darstellende Kunst (S. 42), Württembergische Landesbibliothek (S. 45), ehem. Generalkonsulat der USA (S. 47), StadtPalais (S. 47), Altes Waisenhaus mit der Galerie des Instituts für Auslandsbeziehungen (S. 49), Karlsplatz (S. 49).

Rundgang B:

Neues Schloss (S. 66), **Schlossplatz** (S. 65), Kunstgebäude (S. 68), Königin-Olga-Bau (S. 70), Domkirche St. Eberhard (S. 71), Königsbau (S. 64), **Kunstmuseum** (S. 178), **Schillerplatz** (S. 58), Altes Schloss (S. 55), **Stiftskirche** (S. 53), **Markthalle** (S. 51), Marktplatz (S. 76), Rathaus (S. 76), Leonhardskirche (S. 81), **Tagblatt-Turm** (S. 84).

Rundgang C:

Zürich-Vita-Haus (S. 86), Rotebühlbau (S. 87), Calwer Passage (S. 88), Bürohaus der LBBW (S. 88), **Liederhalle** (S. 93), Bosch-Areal (S. 96), Hoppenlaufriedhof (S. 93), Linden-Museum (S. 92), Universitätscampus Stuttgart-Mitte (S. 90), Haus der Wirtschaft (S. 90), Hospitalkirche und -hof (S. 88).

Weitere Besichtigungs- und Ausflugstipps:

Heusteigviertel (S. 83) und Lehenviertel (S. 105), Städtisches Lapidarium (S. 104), **Schloss Solitude** (S. 99), Universität Stuttgart Campus Vaihingen (S. 111), **Weißenhofsiedlung** (S. 126), Bismarckturm und Umgebung (S. 136), **Fernsehturm** (S. 109), Kolonie Ostheim (S. 146), **Mercedes-Benz Museum** (S. 155), **Grabkapelle auf dem Württemberg** (S. 156), **Veitskapelle** (S. 154).

Das Zentrum rund um Königstraße, Schlossplatz und Schlossgarten

Der **Hauptbahnhof** (II D4) ist ein Bauwerk von herausragender Bedeutung für die Architektur der Moderne. Erbaut wurde er 1914–28 nach einem Entwurf von Paul Bonatz und Friedrich Scholer. Der Bahnhof von 1867 in der heutigen Bolzstraße (s. S. 70) genügte dem gestiegenen Volumen des Eisenbahnverkehrs nicht mehr. Bonatz und Scholer verabschiedeten sich von der Tradition symmetrisch angelegter Kopfbahnhöfe und schufen stattdessen ein dynamisches Ensemble kubischer Baukörper, das sich funktional mit seiner Front dem Stadtzentrum und mit der Rückseite den Gleisanlagen zuwendet. Eine Kolonnade aus 24 Pfeilern bildet das Mittelstück, links und rechts treten Empfangsgebäude aus der Gebäudefront hervor, deren Eingänge von mächtigen Bögen gebildet werden. Über der Kolonnade ist seit 1994 eine 12 m lange Lichtinstallation von Joseph Kosuth angebracht, die aus einer Sentenz des in Stuttgart geborenen Philosophen Georg Wilhelm Friedrich Hegel besteht: »[…] daß diese Furcht zu irren schon der Irrtum selbst ist«. Die beiden ursprünglichen Schalterhallen stehen in einer Flucht zur Lautenschlager- bzw. zur Königstraße und verknüpfen so die Stadt mit dem Bahnhof, der als ein modernes Stadttor fungiert. Ein 56 m hoher Turm setzt einen Akzent gegen die ausgeprägte Vertikalität der Gesamtanlage. Die Große Schalterhalle zeigt an ihrer Ostwand mit der Skulptur des *Schwäbischen Ritters* eine pathetische Inszenierung. Geradezu sakral wirkt sie, ebenso die Kleine Schalterhalle mit ihren hohen Fenstern und der lebhaften Wandgestaltung aus Natur- und Backstein: ein Raum mit einer ganz besonderen Atmosphäre. Die Schalterhallen führten bis zum Umbau zu der gewaltigen Haupthalle des Bahnhofs, und deren acht Bögen weiter zu den

Damals wegweisend: der Hauptbahnhof, historische Aufnahme

Gleisen. Der Bahnhof ist ein Gelenkwerk zwischen Historismus und Moderne. Das Kalkbossenmauerwerk, die pathetischen Bögen und der burghaft-trutzige Turm stehen noch für Vergangenheit. Die asymmetrische, dramatische Anordnung der Kuben des Gesamtbaus und die Flachdächer signalisieren Modernität. Bonatz' und Scholers Bahnhof wies als technisches Bauwerk formal revolutionär in die Moderne. Seit 2010 wird er nach einem Entwurf von Christoph Ingenhoven im Rahmen des Verkehrs- und Städtebauprojekts »Stuttgart 21« zu einem unterirdischen Durchgangsbahnhof umgebaut. Die Gleisanlagen werden um 90 Grad gedreht und in den Untergrund verlegt; sie erhalten durch 27 gläserne »Lichtaugen« Tageslicht. Rund 30 km Schienenstrecken werden in doppelröhrigen Tunneln unter dem Stuttgarter Stadtgebiet verlaufen. Der Umbau soll eine verbesserte Anbindung des Bahnhofs an den Regional- und Fernverkehr bieten und dort, wo in Bahnhofsnähe Gleisanlagen dann nicht mehr benötigt werden, Platz schaffen für diverse Neubauten und ein neues Stadtviertel, das Rosensteinquartier. Dem Projekt »Stuttgart 21« gingen jahrelange massive Bürgerproteste voran. 2010 wurde der Nordflügel des Bahnhofs abgerissen, 2012 der durch Risalite rhythmisch spannungsreich gegliederte, 277 m lange Südflügel. Seit der Zerstörung der Dreiflügelanlage ist das Erscheinungsbild des Bahnhofs erheblich beeinträchtigt. Der Bahnhofsumbau soll 2025 fertiggestellt sein.

Wie der Hauptbahnhof stammt auch der gegenüberstehende **Zeppelinbau** (II D4) von Paul Bonatz und Friedrich Scholer. Er wurde 1929–31 als Geschäfts- und Hotelgebäude errichtet. Auch er hat traditionelle und moderne Elemente, doch hier überwiegt deutlich die Ästhetik der Neuen Sachlichkeit. Die Längsfassade des Stahlbetonskelettbaus an der Lautenschlagerstraße ist leicht konvex geschwungen, was dem Bau eine besondere Raffinesse verleiht. Die Travertinverkleidung und eine geschossweise variierende Fensteranordnung zeigen noch Traditionalismus, aber das Flachdach, die kubische Gebäudeform und das Fensterband im ersten Stockwerk machten den Zeppelinbau zu einem modernen Gebäude. Bemerkenswert ist, wie der Traditionalist Bonatz hier souverän mit Formen der Moderne arbeitete.

Ehem. Hindenburgbau (II D4): An dem sechsgeschossigen Gebäude links neben dem Zeppelinbau, ebenfalls gegenüber dem Hauptbahnhof, wurde in drei verschiedenen Jahrzehnten des 20. und 21. Jh.s gebaut. Die erste Bauphase endete 1928, als auch der Bahnhof fertiggestellt wurde; dessen Erbauer, Paul Bonatz, hatte bereits 1922 eine Randbebauung für den Bahnhofsvorplatz vorgesehen: Von seinen Ideen hatten die Architekten Paul Schmohl, Georg Staehelin, Albert Eitel und Richard Bielenberg die fünf Arkaden umgesetzt, die den dreigeschossigen Bau in der Mitte prägen. Für Besucher, die das Bahnhofsgebäude verlassen, ist das mit Muschelkalkplatten verkleidete Gebäude das Entrée der Stadt, an dem vorbei er in die Königstraße und ins Stadtzentrum gelangt. Der sehr klar und repräsentativ gestaltete Hindenburgbau ohne dekorative Elemente war ein Werk des Neoklassizismus, der später von den totalitären Regimen in Deutschland, Italien und der Sowjetunion vereinnahmt wurde. Nach Kriegsschäden erhielt er 1948/49 nach einem Entwurf von Hans Paul Schmohl, dem Sohn eines der Erbauer, zwei weitere Geschosse mit einer Rasterfassade. 2005/06 setzte das Büro Sorg und Frosch ein sechstes Stockwerk mit einer Glasfassade auf, das sich gemäß Vorgaben des Denkmalschutzes von den bisherigen Geschossen abhebt. 2010 wurde dem früheren Reichspräsidenten Paul von Hindenburg wegen seines hochproblematischen Agierens am Ende der Weimarer Republik die Stuttgarter Ehrenbürgerwürde aberkannt. Der Hindenburgbau verlor seinen Namen – und hat keinen neuen erhalten.

Über die Königstraße gelangt man in den **Schlossgarten** (I D5), der sich vom Stadtzentrum bis zum Neckar erstreckt. Er ist die bedeutendste Grünanlage Stuttgarts. Schon im 15. Jh. wird ein östlich des Alten Schlosses liegender »Tiergarten« erwähnt, den man ab 1553 zu einem »Lustgarten« mit dem Neuen Lusthaus erweiterte. Vom Lusthaus, einem bedeutenden Werk der deutschen Renaissance, ist nur noch ein Fragment erhalten (es wurde 1904 in den Mittleren Schlossgarten versetzt, s. S. 37). Denn im Dreißigjährigen Krieg verfiel der Lustgarten und verschwand mit dem Bau des Neuen Schlosses ab 1746 durch Überbauung. 1806–17 wurde nach Plänen von Nikolaus Friedrich Thouret bis zum Neckar eine Parkanlage geschaffen: Sie erhielt eine klassizistische Mittelachse, und an deren Seiten entstand ein englischer Landschaftsgarten mit verschlungenen Wegen. Ab 1808 durften auch die Bürgerinnen und Bürger den Schloss- und Volksgarten betreten. Nach dem Zweiten Weltkrieg wurde er für die Bundesgartenschauen 1961 und 1977 mit

Rücksicht auf die historische Substanz teilweise neu gestaltet. Der historische ovale See vor der Gartenseite des Neuen Schlosses wurde 1961 durch einen siebeneckigen See, den »Eckensee«, ersetzt, die Mittelallee wurde aufgelöst. Seit der Internationalen Gartenbauausstellung 1993 ist der Schlossgarten Teil des »Grünen U«, eines 8 km langen Grünzugs, der am Neuen Schloss beginnt und nach dem Schlossgarten mit dem Park der Villa Berg, dem Rosensteinpark, dem Leibfriedschen Garten und der Parkanlage Wartberg bis zum Höhenpark Killesberg führt. 2010 und 2012 wurden für den Umbau des Hauptbahnhofs im Mittleren Schlossgarten trotz vehementer Proteste rund 200 Bäume gefällt oder versetzt, womit die Kontinuität der langgestreckten Anlage des Schlossgartens empfindlich gestört wurde.

Der Schlossgarten beginnt mit dem **Akademiegarten** hinter der Rückseite des Neuen Schlosses (I D5). Dort ist der *Empirebrunnen* (1811) Thourets bemerkenswert. Dann folgt der **Obere Schlossgarten** (I D5) – er reicht vom Nordostflügel des Neuen Schlosses mit dem Eckensee und von Landtag, Opern- und Schauspielhaus gesäumt bis zur Schillerstraße zwischen Hauptbahnhof und Staatstheater und enthält sechs Marmorkopien antiker Skulpturen (1854) von Ludwig von Hofer. Im sich anschließenden **Mittleren Schlossgarten** (II E3/4) passiert man das Planetarium (s. S. 36) und die Ruine des Neuen Lusthauses (s. im Folgenden) und gelangt zu einem zweiten See; in diesem Areal steht zudem eine Sandsteinfigur des Flussgottes Rems (18. Jh.) von Carlo oder Domenico Ferretti. Der **Untere Schlossgarten** (II E3 / F2/3) mit weiteren Seen endet am Cannstatter Neckarufer; die *Rossebändiger* (1847) von Ludwig von Hofer stehen dort am Beginn einer 1,5 km langen Platanenallee; auch die Stahlskulptur *Estella* von Faustino Aizkorbe (1990) ist hier bemerkenswert.

Ferdinand-Leitner-Steg: Die verkehrsreiche Schillerstraße (II D4/5) durchschneidet den Schlossgarten zwischen Hauptbahnhof und Gebhard-Müller-Platz. Fritz Leonhardt, der 1957 mit der 914 m langen Theodor-Heuss-Brücke in Düsseldorf die erste deutsche Schrägseilbrücke gebaut hatte, entwarf den Steg 1961 gemeinsam mit Wolfhart Andrä als Verbindung des Oberen mit dem Mittleren Schlossgarten und dem Hauptbahnhof. Damals Schillersteg genannt, trägt die rund 100 m lange Schrägseilbrücke heute den Namen Ferdinand Leitners, eines früheren Stuttgarter Generalmusikdirektors. Sie ist leicht gewölbt und hängt an zehn von Polyäthylen umhüllten Drahtkabeln, die von der Spitze eines achteckigen stählernen Pylonen gespannt sind. Schwungvoll und elegant gabelt sie sich zur Seite des Staatstheaters und bietet Fußgängern und Radfahrern eine angenehme und zeitsparende Möglichkeit, die Verkehrsschneise Schillerstraße zu überwinden. Unweit der Gabelung in Richtung des Schauspielhauses steht ein ***Denkmal für den Grafen Eberhard im Bart***, den späteren Herzog Eberhard I. von Württemberg (reg. 1482–96). Geschaffen wurde es 1881 von Paul Müller.

Wer den Ferdinand-Leitner-Steg in Richtung des Mittleren Schlossgartens passiert, gelangt zum **Carl-Zeiss-Planetarium** (II E4): Die Funktion dieses ungewöhnlichen Bauwerks ist von außen nicht erkennbar. Ein dunkler Baukörper kontrastiert spannungsvoll mit einer filigranen Metallkonstruktion: Wilfried Beck-Erlang hat die oben gekappte Pyramide, deren Kuppelkonstruktion aus Stahlbeton an spinnenhaften Metallbeinen aufgehängt ist, 1977 entworfen. Sechs freistehende Betonpfeiler fungieren als Widerlager. Die Verkleidung der Pyramide aus schallisoliertem, getöntem Glas reflektiert die Umgebung. Die Kuppel des runden, zentralen Saals hat einen Durchmesser von 20 m und ist 13 m hoch. Eine digitale Kuppelprojektionsanlage ermöglicht Besuchern virtuelle Reisen durch Raum und Zeit.

Bei der romantischen **Ruine des Neuen Lusthauses** (II E4), etwas weiter nördlich im Mittleren Schlossgarten, ahnt man kaum, dass die Säulen und Treppen einstmals zu einem monumentalen Bauwerk gehörten. 1583–93 ließ Herzog Ludwig von Württemberg das Neue Lusthaus als Ort höfischer Festivitäten nach einem Entwurf von Georg Beer im herzoglichen Lustgarten errichten – dort, wo heute das Kunstgebäude am Schlossplatz steht. Das 34 m hohe, prächtige Gebäude mit einem für seine Zeit gewaltigen Festsaal von 58 m Länge und 20 m Breite war ein herausragendes Bauwerk der Renaissance (s. Merian-Stich auf S. 10). 1750 wurde es zu einem Opernhaus umgebaut, 1811 zum Königlichen Hoftheater. Bei diesen Umwidmungen wurden Anbauten errichtet, hinter denen das Lusthaus größtenteils verschwand. 1844 leitete der Architekt Karl Friedrich Beisbarth den weitgehenden Abbruch des Gebäudes und dokumentierte es in über 500 Zeichnungen. 1845/46 wurde ein neuer Theaterbau errichtet, der 1902 allerdings abbrannte. Damals entdeckte man Überreste des Lusthauses und verbrachte sie 1904 in den Schlossgarten. Noch heute sind dort Reste des Arkadenumgangs mit schlanken ionischen Säulen und die doppelläufige Freitreppe zu sehen.

Staatstheater: Zwischen Gebhard-Müller- und Charlottenplatz säumen Kulturbauten und weitere öffentliche Gebäude die Konrad-Adenauer-Straße, daher wird sie auch **»Kulturmeile«** genannt. Direkt nebeneinander liegen Opern- und Schauspielhaus, die beiden Spielstätten des Stuttgarter Staatstheaters. Sie wurden nach dem Abbrand des Hoftheaters 1902 nach Plänen von Max Littmann 1909–12 als Doppeltheater errichtet, doch nurmehr das neoklassizistische **Opernhaus** (I D5) ist in diesem Zustand erhalten. Es präsentiert sich zum Eckensee hin mit einer repräsentativen halbrunden Eingangsfront, die durch kolossale ionische Doppelsäulen gegliedert ist. Auf der Attika hinter einer Balustrade stehen zehn Figuren, die Allegorien der Künste darstellen. Littmann sollte ein höfisches Rang- und Logentheater bauen, doch er erfüllte diesen Auftrag nur teilweise. Es gibt zwar drei Ränge, aber Littmann entwarf ein Parkett mit ansteigenden Sitzreihen, die den Zuschauern einen freien Blick ermöglichen. Der Zuschauerraum in Grau und Ocker wirkt prunkvoll. Die Kuppel malte Julius Mössel mit einem Sternbilderhimmel aus. Gottfried Böhm entwarf 1984 neben dem Opernhaus einen überkuppelten Pavillon für die Theaterpausen. An ihn schließt sich der historische Verwaltungstrakt zwischen Opern- und Schauspielhaus an. Das *Schillerdenkmal* davor schuf Adolf von Donndorf 1913. Wenige Meter davon entfernt steht der im Jugendstil von dessen Sohn Karl Donndorf 1914 gestaltete ***Schicksalsbrunnen***. Er gilt dem Gedenken an die 1910 von einem früheren Liebhaber ermordete Opernsängerin Anna Sutter. Das **Schauspielhaus** (I D5) wurde 1944 stark zerstört und 1959–62 durch einen sachlichen und zugleich markanten Neubau von Hans Volkart, Bert Perlia und Kurt Pläcking ersetzt. Das mit rotem Travertin verkleidete Erdgeschoss ist zurückgesetzt. Darüber erhebt sich das achteckige weiße Betongebäude mit einem schmalen Fensterband im oberen Bereich der Fassade und über zwei Geschosse laufenden Eckfenstern. Das Foyer und Treppen umschließen hufeisenförmig den sechseckigen Zuschauerraum, der seit einer Sanierung 2012 durch Klaus Roth zur Verbesserung der Akustik mit einer kristallin wirkenden Holzverschalung ausgekleidet ist. Vor dem Theater steht die Aluminiumplastik *Bewegung II* (1961) von Wander Bertoni.

Der **Landtag von Baden-Württemberg** (I D5) war der erste Parlamentsneubau in Westdeutschland nach dem Krieg. Bis zu seiner Eröffnung 1961 traf sich der Landtag in einem Versammlungssaal des Eduard-Pfeiffer-Hauses in der Stuttgarter Heusteigstraße 45, einem Arbeiterheim aus dem Jahr 1890. Kurt Viertel entwarf das neue Landtagsgebäude, für weitere

Planungen und für die Ausführung waren Horst Linde und Erwin Heinle verantwortlich. Die Innenräume gestaltete Herta-Maria Witzemann. Der entschieden moderne Bau, bei dem die Planer sich an Mies van der Rohe orientierten, steht selbstbewusst auf einer Grünfläche zwischen dem historistischen Opernhaus und dem frühklassizistischen Neuen Schloss. Der flachgedeckte Stahlbetonskelettbau hat eine Grundfläche von 54 mal 55 m. Das verglaste und hinter weißen Betonstützen zurückgesetzte Erdgeschoss verleiht dem Gebäude eine gewisse Leichtigkeit. Vor die beiden Obergeschosse ist eine Rasterfassade aus Bronzeprofilen und graubraunem Glas gehängt. Bronze wurde bewusst als besonders hochwertiges Material für das Parlamentsgebäude gewählt, statt Aluminium. Jede der vier Fassaden weist pro Geschoss 18 fast quadratische Fenster mit schmalen Brüstungsfeldern auf. Nur die Nordfassade ist mit zwölf über beide Geschosse laufenden Fenstern ausgestattet, hinter denen sich die weite Wandelhalle erstreckt. Mit seinen ausgewogenen Proportionen wirkt der dunkle Kubus nobel-elegant. Im Innern der beiden Obergeschosse liegt der polygonale, mit hellem Holz verschalte Plenarsaal, umschlossen von Sitzungs- und Büroräumen. Seit der Sanierung 2013–16 durch Volker Staab wird der Plenarsaal durch runde Lichtöffnungen mit Tageslicht erhellt. Unter der Grünfläche an der Südseite des Landtags wurde nach einem Entwurf von Henning Larsen Architects ein Bürger- und Medienzentrum angebaut, zu dem hinunter eine in die Rasenfläche eingelassene, runde »Agora« führt. Neben dieser amphitheaterartigen Anlage steht im Lichtschacht eines unterirdischen Saals und über die Grünfläche emporragend die 7,75 m hohe Skulptur *Der Volksvertreter* (2017) von Beat Zoderer. Ein 136 m langer Tunnel verbindet den Landtag mit dem **Haus der Abgeordneten** auf der anderen Seite der Konrad-Adenauer-Straße (Nr. 12). Es wurde 1984–87 nach Entwürfen von Rainer Zinsmeister und

Giselher Scheffler erbaut. An den Wänden und der Decke des Tunnels zieht sich die Skulptur *Stuttgarter Weg* (1986) von Robert Schad entlang, eine bizarre, höchst dynamische Installation aus schwarzen Vierkantrohren. Vor dem Haus der Abgeordneten steht seit 1987 eine unbetitelte Skulptur von Per Kirkeby, ein fast 13 m hoher Backsteinturm. Im Haus der Abgeordneten und im Landtag befinden sich weitere Kunstwerke, die bei Führungen zu sehen sind, u. a. von Otto Herbert Hajek, Jean Lurçat und Marino Marini.

◆ Die **Staatsgalerie** (I E5), das größte Kunstmuseum Baden-Württembergs, geht auf das »Museum der Bildenden Künste« zurück, das König Wilhelm I. von Württemberg 1838–43 erbauen ließ. Zur Sammlung s. S. 181. Die **Alte Staatsgalerie** ist eine von Gottlob Georg von Barth entworfene klassizistische Dreiflügelanlage mit Eckpavillons. Der Mittelbau wird durch einen erhöhten Mittelrisalit hervorgehoben. Im Ehrenhof steht seit 1884 ein Reiterstandbild Wilhelms I. von Ludwig Hofer. 1881–88 erfuhr das Museum durch Albert von Bok eine Erweiterung um zwei rückwärtige Flügel. 1852 wurde die »Pinacoteca Barbini-Breganze« mit Werken der venezianischen Renaissance, 1859 Karl Gustav Abels Sammlung altschwäbischer Malerei angekauft. Konrad von Lange, nach Künstler-Direktoren der erste Kunsthistoriker als Museumsleiter, sorgte 1901–07 für eine professionelle Strukturierung der Sammlung und erweiterte sie um Impressionisten. Unter dem Direktor Otto Fischer (1921–27) wurden der *Herrenberger Altar* (1519), ein berühmtes Hauptwerk von Jerg Ratgeb, und Werke des Expressionismus erworben. 1937 beschlagnahmten die Nationalsozialisten viele Arbeiten als »entartete« Kunst – nach dem Krieg konnten nur wenige davon vom Museum zurückerworben werden. Die im Zweiten Weltkrieg stark beschädigte Galerie wurde nach ihrem Wiederaufbau mit Veränderungen im Innern 1958 neu eröffnet. Erst danach erlangte das Museum durch den Erwerb von

Wirkt mit ihren runden Elementen, Terrassen, Rampen und popfarbenen Rohren wie ein dynamisch-komplexes Arrangement von Baukörpern: die Neue Staatsgalerie

Spitzenwerken der Moderne eine überregionale Bedeutung. 1979–84 wurde die **Neue Staatsgalerie** nach Entwürfen von James Stirling, Michael Wilford & Associates errichtet. Die außergewöhnliche Mixtur aus Burg, Pop-Palast und Museum architektonischer Stilfiguren war bei Bürgern und Fachpublikum zunächst umstritten und gilt heute als herausragendes Werk der postmodernen Architektur. Wie die Alte Staatsgalerie ist der breit gelagerte Erweiterungsbau aus Sandstein, Travertin und Metallelementen eine Dreiflügelanlage, die aber keineswegs statisch-streng, sondern mit ihren runden Elementen, Terrassen, Rampen und popfarbenen Rohren wie ein dynamisch-komplexes Arrangement von Baukörpern wirkt. Von der zur Konrad-Adenauer-Straße hin gelegenen Terrasse führt ein öffentlicher Weg über eine Rampe zu einer offenen Rotunde, an deren Wand entlang und dann durch einen Gang zwischen Gebäudeteilen zur Urbanstraße. Damit ist das Gebäude, mit Blick in den von Skulpturen gesäumten Rotundenhof, auf besondere Weise erlebbar. Durch zwei orangefarbene Zylinder mit Drehtüren betritt man das Foyer, dessen schräg-geschwungene Glasfassade giftgrün gerahmt ist. Die Sammlungsräume im Obergeschoss sind mit ihrer Aneinanderreihung klassisch-konventionell konzipiert. Diverse Architekturzitate machen den ironisch-spielerischen Charakter des Gebäudes aus: Die Rotunde spielt auf Schinkels Altes Museum in Berlin an, im Gras vor der Parkhauswand liegen herausgebrochene Steine, mächtige Lüftungsrohre in Popfarben in der Urbanstraße erinnern an das Pariser Centre Pompidou, und der Verwaltungstrakt an der Urbanstraße mit seinem Fensterband zitiert das Doppelhaus von Le Corbusier in der Stuttgarter Weißenhofsiedlung. 2000–02 wurde hinter der Alten Staatsgalerie nach Plänen von Wilfrid und Katharina Steib ein Erweiterungsbau für die Graphische Sammlung und mit weiteren Ausstellungsräumen errichtet; er ist durch zwei verglaste Brücken mit dem Altbau verbunden. Die oberen verglasten Geschosse überwölbt ein Tonnendach. Unweit des Eingangs der Staatsgalerie steht Henry Moores Skulptur *Draped Reclining Woman* (1958).

Neben der Staatsgalerie ist eine dritte Dreiflügelanlage situiert, mit dem **Kammertheater** (Stirling und Wilford, 1984) links und dem **Haus der Geschichte Baden-Württemberg** (2002; I E5) von Michael Wilford und Manuel Schupp rechts (zu dessen Sammlung s. S. 178). Spannungsvoll kontrastieren im Hof die *Liebesvase* (um 1831) von Friedrich Distelbarth und die Skulptur *Points of View* (2002) von Tony Cragg. Die **Staatliche Hochschule für Musik und Darstellende Kunst** (I E5; Stirling und Wilford, 1996) mit ihrem markanten Turm, in dem ein Konzertsaal untergebracht ist, fügt sich in den postmodernen Gesamtkomplex ein.

John Cranko Schule (Werastraße 27, I E5): Das Gebäude mit der berühmten Ballettschule und der Probebühne des Stuttgarter Balletts wurde 2020 nach einem Entwurf von Burger Rudacs Architekten errichtet. Es ist in vier stufenartig hintereinander angeordneten Baukörpern vom Urbansplatz zur Werastraße hinauf gestaffelt und überwindet dabei 21 Höhenmeter. Der Kontrast der Sichtbetonfassaden mit den schwarz gerahmten Fenstereinschnitten verleiht dem Bauwerk eine spannungsvolle Eleganz. Abstände zwischen den oberen Geschossen der vier terrassenartigen Kuben rhythmisieren die Nordfassade. Der fünfte Teil an der Werastraße, ein viergeschossiger Bau mit strenger Lochfassade, birgt ein Internat mit 40 Doppelzimmern für Ballettschülerinnen und -schüler.

Die Villa Bohnenberger (Olgastraße 9 und 11, I E6) hinter dem Justizgebäude ist eine der prächtigsten Stuttgarter Gründerzeitvillen. Das StadtPalais wurde 1869–71 für den damals 33-jährigen Gutsbesitzer Arthur Bohnenberger von Carl Friedrich Beisbarth im Stil eines italienischen Palazzos der Renaissance aus hellgrünem Sandstein errichtet. Der Mittelrisalit beginnt mit einem prächtigen Hauptportal. Das erste Obergeschoss, das Piano Nobile, ist durch drei Rundbogenfenster, Halbsäulen und Pilaster gegliedert. Drei Fenster mit Hermenpilastern bilden den Mittelteil des zweiten Obergeschosses. Ein mit Putten und Girlanden reich verziertes Kranzgesims schließt die Fassade nach oben ab. Die rechte Ecke der Villa ist mit einem prachtvollen Erker ausgestattet, dessen Dreiecksgiebel zwei weibliche Karyatiden stemmen. Ihre männlichen Gegenstücke sind Atlanten an den Bögen einer pompösen Loggia rechts neben dem Palais. Links neben der Villa steht ein Wirtschaftsgebäude, in dem früher Kutscherwohnung, Räume für weitere Dienstboten, Stall und Remise untergebracht waren. In dem historistischen Gebäude rechts der Villa (Nr. 13), 1914 nach einem Entwurf von Heinrich Graser erbaut, war bis

1918 das **Kriegsministerium** des Königreichs Württemberg untergebracht, worauf die beiden steinernen Rüstungen am Eingang hindeuten. Links der Villa Bohnenberger sind einige schöne **spätklassizistische Bauten** aufgereiht (Nr. 1 B, 3, 5 und 7). Das Haus Nr. 1 A hat eine Fassade im Louis-Seize-Stil. Im Haus Nr. 7 residierte 1945–48 Reinhold Maier als erster Ministerpräsident von Württemberg-Baden.

Justizgebäude (I E5/6): 1875–79 wurde im Block zwischen Urban-, Ulrich-, Olga- und Archivstraße ein repräsentatives Gerichtsgebäude mit zwei Innenhöfen im Stil der Neorenaissance errichtet. Der Komplex wurde 1944 bis auf das Amtsgericht in der Archivstraße 15 zerstört. Das Amtsgericht hat heute anderswo in Stuttgart seinen Sitz, doch dieser Altbau ist Teil des Justizkomplexes geblieben, der in der Nachkriegszeit neu entstand: 1950–53 wurde an der Urbanstraße 18 für das Oberlandesgericht ein neunstöckiger Neubau errichtet. Es folgte 1954–56 ein versetzt vor diesem Bau platziertes siebengeschossiges Gebäude für das Landgericht. Die Entwürfe stammten vom Staatlichen Hochbauamt I. Im Gegensatz zum monumentalen Vorgängerbau, der die Autorität von Staat und Recht ausstrahlte, wirkt das Hochhaus wie ein nüchterner Behördenbau von zurückhaltender Repräsentativität. Das mit Travertin verkleidete Gebäude ist durch unterschiedliche Fensterformen in drei Teile gegliedert: in Sockelzone, sechsgeschossigen Mittelbereich und oberstes Stockwerk. Das Relief *Der Schwur* an der Fassade von Hermann Kress nach einem Entwurf von Hermann Brachert zeigt in seinem unteren Teil Figuren aus der Bevölkerung, über denen drei Richter thronen – sie tragen von links nach rechts die Gesichtszüge des damaligen Oberlandesgerichtspräsidenten Robert Perlen, des Ministerpräsidenten Reinhold Maier und des Justizministers Josef Beyerle. *Justitia* mit Schwert und Waage schwebt über dem Gericht. Der langgestreckte, formal ganz reduzierte Querbau mit seiner Rasterfassade zeigt die charakteristische Modernität der 1950er Jahre. Auf dem kleinen Platz vor dem Hochhaus steht die *Verfassungssäule*, der Artikel 1 der baden-württembergischen Landesverfassung eingeschrieben ist. In einer Mauer neben dem Treppenaufgang zum Justizgebäude erinnert seit 1994 eine Inschrift an die Opfer des Nazi-Terrors: »Den Opfern der Justiz im Nationalsozialismus zum Gedenken – Hunderte wurden hier im Innenhof hingerichtet – Den Lebenden zur Mahnung.« 423 Menschen wurden im nördlichen Lichthof des Justizgebäudes aufgrund von Todesurteilen eines Sondergerichts des nationalsozialistischen Regimes hingerichtet. 2019 wurde ein weitaus prägnanteres Mahnmal hinzugefügt: drei Stelen vor dem Gerichtsgebäude mit den Namen aller Ermordeten. Im ersten Stockwerk des Gerichts ist zudem eine Dauerausstellung mit Biografien der Opfer und Täter zu sehen. 1982 wurden die Gerichtsbauten um einen großen, gestalterisch nüchternen Neubau (Olgastraße 2) ergänzt. Nach unten spitz zulaufende Elemente zwischen den Fenstern verleihen dem mit grünem Metall verkleideten Bau eine gewisse Lebendigkeit. Vor dem Eingang in der Olgastraße steht die aus dynamisch übereinandergestapelten, L-förmigen Winkeleisen in kräftigem Rot bestehende Skulptur *12 Kanten* von Christoph Freimann.

Württembergische Landesbibliothek (I D5): Der erste Vorgängerbau war die 1765 in Ludwigsburg gegründete Herzogliche Hofbibliothek, die 1793 bereits rund 100 000 Bände umfasste. Heute birgt die Landesbibliothek 6,1 Mio. Medieneinheiten, darunter gut 4 Mio. Bücher, 40 000 Plakate, 147 000 Feldpostbriefe und knapp 21 000 Bibeln in 710 Sprachen. Der letzte Vorgängerbau von 1886 wurde nach Kriegszerstörungen mit dem Verlust des halben Bestandes abgerissen. 1964–70 errichtete das Staatliche Hochbauamt I nach einem Entwurf von Horst Linde einen Neubau. Über den unteren Geschossen mit

Sichtbeton- und Klinkerfassaden erhebt sich der kupferverkleidete hohe Hauptlesesaal, dessen obere Zone von einem Fensterband unter einem überkragenden Kupferdach gebildet wird. Im Lesesaal ragen sechs schlanke Betonstützen empor und erweitern sich pilzartig zur Saaldecke. Vertikale Fensterschlitze hinter schräg in den Raum ragenden senkrechten Holzbalken lassen diffuses Licht in den Saal. 2015–20 entstand ein Erweiterungsbau von Arno Lederer, Jórunn Ragnarsdóttir und Marc Oei, ein sechsgeschossiger, freistehender Sichtbetonkubus, der über einen Gang im ersten Obergeschoss mit dem Altbau verbunden ist. In das zweite und dritte Geschoss ist ein Fensterband eingelassen, dessen Zickzackform zwischen Fenster und kupferverkleideter Fläche wechselt. Das Erdgeschoss hat an der Konrad-Adenauer-Straße eine balkonartige Galerie, das Geschoss darüber ist von Bullaugen geprägt. Das Sheddach zeigt zur Straße hin acht kleine Giebel. Einen markanten Akzent setzt ein skulptural wirkendes, zylindrisches Entlüftungsbauwerk vor der Südfassade. Den Raum zwischen Bibliotheksneubau und Hauptstaatsarchiv füllt eine große Freitreppe. Die Plastik *Montana I* (1969) stammt von Bernhard Heiliger.

Im **Hauptstaatsarchiv** (I D6) lagern Aktenbestände, die bis in das 8. Jh. zurückgehen, darunter eines der sieben Exemplare der *Goldenen Bulle* von 1356. Archiviert sind hier u. a. die Unterlagen württembergischer Behörden bis 1806, der Zentralbehörden des 19. und 20. Jh.s und insbesondere der Landesministerien von bleibendem Wert, dazu Überlieferungen aus nichtstaatlichen Quellen sowie Film-, Ton- und digitale Dokumente. Der 1964–69 nach Plänen des Staatlichen Hochbauamtes I errichtete Kubus mit einem kupferverkleideten Flachdach hat zwei Geschosse. Das erste Geschoss ist in Sichtbeton mit einem Fensterband im Mittelteil der Gebäudefront ausgeführt. Vor dem zurückgesetzten Erdgeschoss, dessen Fassade mit vertikalen Fensterschlitzen und Handstrichziegeln gestaltet ist, stützen schlanke Betonpfeiler das erste Geschoss und verleihen ihm Leichtigkeit und zugleich Prägnanz. Die elegante Horizontalität des flachen Baus lässt nicht erahnen, wie groß das Gebäude insgesamt ist, denn unter dem Erdgeschoss liegen drei weitere Geschosse mit Archivgut. Im Hauptstaatsarchiv finden regelmäßig Wechselausstellungen zu geschichtlichen Themen statt.

Das **ehem. Generalkonsulat der USA** (Urbanstraße 7, I D6), heute ein Bürogebäude, war bis zu seiner Schließung 1996 von einem hohen weißen Metallzaun umgeben. Entworfen wurde der dreigeschossige Flachdachbau von dem renommierten New Yorker Büro Skidmore, Owings & Merrill (SOM) in Zusammenarbeit mit dem Frankfurter Architekten Otto Apel, der in der Zeit des Nationalsozialismus im Architektenstab Albert Speers gearbeitet hatte und nach dem Krieg moderne Bauten entwarf. Das Konsulat ist ein sachlicher Bau mit einer Rasterfassade aus Glas und Aluminium über einem Erdgeschoss, das hinter freistehenden schlanken Pfeilern zurückgesetzt ist und durch seine partielle Verkleidung mit roten Granitplatten eine gewisse Repräsentativität vermittelt. Das Büro SOM entwarf ähnliche Konsulatsgebäude in Bremen, Düsseldorf, Frankfurt und München, die wie der Stuttgarter Bau mit ihrer Formgebung des Internationalen Stils als Botschafter der amerikanischen Architektur fungierten.

Das **StadtPalais – Museum für Stuttgart** (I D6) ist Stuttgarts Stadtmuseum, und schon das Gebäude ist ein Ort wechselhafter Geschichte. 1836–40 erbaute der württembergische Hofbaumeister Giovanni Salucci das Wilhelmspalais, so die Bezeichnung bis 2018, als Wohnstätte für die Töchter König Wilhelms I. von Württemberg, die Prinzessinnen Marie und Sophie. Der axialsymmetrische, schlichte klassizistische Bau weist zur Konrad-Adenauer-Straße hin einen Mittelrisalit mit ionischen Säulen auf. Von der Terrasse des von toskanischen

Säulen gestützten Vorbaus hat man einen guten Blick auf prägende Bauten der Stuttgarter Innenstadt. Städtebaulich hat das StadtPalais eine Gelenkfunktion. Mit seiner Hauptfassade zum Charlottenplatz steht es in der Achse Planie–Kunstmuseum. Und an der Konrad-Adenauer-Straße, in einem 90-Grad-Winkel zur Planie, ist es Auftakt der »Kulturmeile« mit Landesbibliothek, Staatstheater, Musikhochschule und Staatsgalerie. Bis 1918 war das Wilhelmspalais Wohnsitz von König Wilhelm II. Am 9. November 1918 hissten revolutionäre Demonstranten auf dem Palais die rote Fahne. Am Abend verließ der König von dort aus Stuttgart und dankte am 30. November ab. Im Nationalsozialismus hatte der Sicherheitsdienst Südwest hier seinen Sitz. 1944 brannte das Gebäude aus, 1961–65 wurde es von Wilhelm Tiedje zur Stadtbücherei umgestaltet. 2011 zog die Stadtbibliothek an den Mailänder Platz um. Bis 2018 gestalteten Arno Lederer, Jórunn Ragnarsdóttir und Marc Oei das Innere des Wilhelmspalais vollständig neu. Ein großzügiges Foyer empfängt den Besucher. Hier finden Veranstaltungen statt, denn das StadtPalais ist nicht nur als Museum, sondern ausdrücklich als ein Ort konzipiert worden, an dem Themen der Stadtgesellschaft öffentlich diskutiert werden. Helle Birkenholzwände prägen das sehr klar und reduziert gestaltete Innere des Gebäudes. Im Garten des StadtPalais ist eine von Hermann Christian Zimmerle 1991 geschaffene Bronzeskulptur von König Wilhelm II. mit seinen beiden Hunden (Spitze) aufgestellt. Die rote Skulptur *Motorbonk* (2017) vor dem Osteingang stammt von Pablo Wendel. Zur Sammlung s. S. 184.

Altes Waisenhaus (I D6): Der Grundriss des viereckigen Baus am Karlsplatz gegenüber dem Alten Schloss hat keine rechten Winkel. Die spitzwinklige Gebäudeecke an der Richard-von-Weizsäcker-Planie nennen die Stuttgarter »Scharfes Eck«. Geplant wurde der Bau als Kaserne für die herzogliche Leibgarde. Baubeginn war 1705, doch schon 1710 wurde die Residenz nach Ludwigsburg verlegt, das unvollendete Gebäude wurde zu einem »Waisen-, Zucht- und Arbeitshaus« umgebaut. Als das Waisenhaus 1922 nach Ellwangen verlegt wurde, wurde das Gebäude bis auf die Außenwände der beiden unteren Geschosse abgebrochen und von Paul Schmitthenner 1924/25 in barockisierend-regionalistischem Stil neu gestaltet. Die Zwerchhäuser des Walmdachs setzen kräftige Akzente über den langgestreckten, dreigeschossigen Flügeln des Komplexes, der einen Innenhof mit zwei Durchgängen umschließt. Das bildhauerische Dekor stammt von Jacob Wilhelm Fehrle. Das Alte Waisenhaus ist Sitz des Deutsch-Amerikanischen Zentrums, des Instituts für Auslandsbeziehungen (ifa) und der global orientierten ifa-Galerie, die in Wechselausstellungen Kunst, Design und Architektur der Gegenwart aus Afrika, Asien, Lateinamerika und Osteuropa zeigt.

Karlsplatz (I D6): Ende des 14. Jh.s entstand gegenüber der Dürnitz des Alten Schlosses für Antonia Visconti, Gattin des Grafen Eberhard III. von Württemberg, der älteste Lustgarten Stuttgarts. 1778 wurde er eingeebnet, eben planiert – daher stammt die eigenartige Bezeichnung »Planie« für die Straße entlang des Areals, das 1778 ein öffentlicher Platz wurde und seit 1794 nach Herzog Carl Eugen Karlsplatz heißt. Das von einer doppelten Kastanienreihe gesäumte Geviert ist einer der wenigen echten Plätze in Stuttgart – die meisten anderen sog. Plätze sind Verkehrskreuzungen. Allwöchentlich findet hier ein Flohmarkt statt. In der Mitte des Karlsplatzes erhebt sich seit 1898 ein **Reiterstandbild** des deutschen Kaisers Wilhelm I. von Wilhelm von Rümann und Friedrich Ritter von Thiersch. Der Herrscher wird doppelt emporgehoben, denn das Podest steht auf einem massiven Unterbau mit drei Treppen. Einen deutlichen Bezug zum deutschen Sieg über Frankreich 1870/71 demonstrieren zwei Obelisken, in die mit goldenen Lettern die Namen französischer Orte eingeschrieben sind, die von deutschen Truppen eingenommen wurden. Zwei gewaltige granitene Löwen akzentuieren den Herrschaftsanspruch des Kaiserreichs.

Eine ganz andere Erinnerungsstätte ist das **Mahnmal für die Opfer des Nationalsozialismus** auf dem Stauffenbergplatz vor dem Alten Schloss (I D5). Die Richard-von-Weizsäcker-Planie, ein paar Meter vom Mahnmal entfernt, hieß 1933–45 Adolf-Hitler-Straße, und gegenüber, in der Gestapo-Zentrale in der Dorotheenstraße 10 (heute Museum Hotel Silber, s. S. 79), folterten die Nationalsozialisten ihre Gegner. Seit 1970 steht auf dem Stauffenbergplatz die kraftvolle Skulptur von Elmar Daucher: vier dunkle Granitwürfel mit 2 m Kantenlänge, deren Material aus der Gegend von Rio de Janeiro stammt. Drei der Quader lasten auf dem Boden und signalisieren Gewalt, der vierte ist schräg zwischen die Blöcke gekantet und strahlt etwas Prekäres, Bedrohliches aus. Die Inschrift auf dem Boden zwischen den zernarbten Würfeln stammt von Ernst Bloch: »1933–45 / verfemt, verstoßen, gemartert, erschlagen, erhängt, vergast. / Millionen Opfer / der nationalsozialistischen Gewaltherrschaft / beschwören Dich: / Niemals wieder!«

Vom Karlsplatz aus ist auch der Archivbau des Alten Schlosses zugänglich, in dem die **Stauffenberg-Erinnerungsstätte** untergebracht ist. Sie zeichnet die Lebenswege von Berthold und Claus Schenk von Stauffenberg nach, die dem Widerstand gegen den Nationalsozialismus angehörten. Die Brüder wuchsen im Alten Schloss auf, wo ihr Vater, Oberhofmarschall von König Wilhelm II., seine Dienstwohnung hatte. Vor der Stauffenberg-Gedenkstätte stehen drei Plastiken von Alfred Hrdlicka, der 1975–86 Professor an der Stuttgarter Kunstakademie war, *Marsyas* I (1957) – Marsyas verliert im Mythos einen Wettstreit gegen Apollon und wird danach gequält und getötet –, *Sterbender* (1959) und *Hommage à Sonny Liston* (1965), den US-amerikanischen Boxer darstellend.

Südländisches Flair in der 54 m langen, 23 m breiten und 18 m hohen Markthalle

Die **Markthalle** (I D6) bietet mit ihrem kulinarischen Angebot aus diversen Ländern südländisches Flair. Das äußere Erscheinungsbild des imposanten Bauwerks strahlt mit den farbigen Wandmalereien von Franz H. Gref und Gustav Rümelin etwas malerisch Süddeutsches aus. Reliefs und Skulpturen von Jakob Brüllmann und Josef Zeitler schmücken die Hauptfassade an der Dorotheenstraße. Der massive Rundturm an der Ecke Münz-/Sporerstraße und die Arkadengänge zitieren das Alte Schloss in unmittelbarer Nachbarschaft. Die polygonalen Erkertürmchen nehmen Bezug auf den in Sichtweite aufragenden Turm der Stiftskirche. Das Innere des außen sehr traditionellen Baus überrascht mit einer modernen Konstruktion. Die expressionistisch anmutenden Spitzbogenarkaden zwischen Haupt- und Nebenschiffen sind ein Nachklang des Bogengangs draußen, doch die gewaltige, 54 m lange, 23 m breite und 18 m hohe Halle wirkt modern-funktional, fast fabrikhaft. Sichtbare Eisenbetonbinder überspannen die Halle in eleganten Bögen und tragen ein gewölbtes, gläsernes Dach. Die 1910 von dem 26-jährigen Martin Elsässer entworfene Markthalle wurde 1914 eröffnet. Elsässer gestaltete später Bauten der Neuen Sachlichkeit wie etwa die Frankfurter Großmarkthalle. In der Anfangszeit der Stuttgarter Markthalle mit damals über 400 Gemüse- und Obstständen beförderten spezielle Straßenbahnwaggons die Leiterwagen mit den Waren der bäuerlichen Händler aus Stuttgart und Umgebung zur Markthalle. 1971 sollte die angeblich unrentable Halle abgerissen werden, wurde aber nach öffentlichen Protesten 1972 unter Denkmalschutz gestellt. Heute ist sie mit gut 30 Verkaufsständen und mehreren Restaurants ein besonders urbaner Ort in Stuttgart.

Das **Haus »König von England«** (Dorotheenstraße 2, I D6), in dem 1712 Stuttgarts erstes Café eröffnet worden war, wurde im Krieg zerstört. 1954–56 gestaltete Karl Gonser den Neubau, der mit seinem Walmdach und einer Pfeilerkolonnade auf die Arkaden der benachbarten Markthalle Bezug nimmt. Sonst aber ist Gonsers Bau entschieden modern. Die Rasterfassade aus Travertin mit den tiefliegenden, türkisfarben gerahmten Fenstern verleiht dem langgestreckten Gebäude eine prägnante Ausstrahlung. Charakteristische Elemente der 1950er Jahre sind das Deckenmosaik im Kolonnadenbereich, das Blau der Sockel unter den Schaufenstern der Geschäfte im Erdgeschoss und die Glasbausteine der Oberlichter dieser Läden. In den drei Obergeschossen sind Büros des Finanzministeriums untergebracht. Ein Erker der Vorderfront ist nicht mittig platziert und setzt so einen kraftvollen Akzent in der streng gerasterten Fassade. Gonsers Behördenbau mit seiner selbstbewussten Modernität ist eines der gelungensten Beispiele der Stuttgarter Nachkriegsarchitektur.

Die **Stiftskirche** (I C6–D5) ist ein herausragendes Stuttgarter Bauwerk, die älteste Kirche der Stadt, Hauptkirche der Evangelischen Landeskirche in Württemberg und ein vielgestaltiges Gesamtkunstwerk, das durch Veränderungen aus mehreren Jahrhunderten geprägt ist. Von einem Vorgängerbau, einer im 10. oder 11. Jh. erbauten Kapelle, sind Überreste im Untergeschoss erhalten: das älteste Baudenkmal der Innenstadt. Um 1240 wurde diese Dorfkirche durch eine dreischiffige romanische Basilika ersetzt, von der noch die unteren Geschosse des Südturms mit Rundbogenfriesen stammen. Um 1320 wurde das Chorherrenstift Beutelsbach mit der Grablege der württembergischen Grafen nach Stuttgart verlegt, was zum frühgotischen Neubau des Chores führte. Er ist gegenüber dem Kirchenschiff leicht versetzt; die Asymmetrie ist heute noch erkennbar. Ab 1436 ersetzte ein spätgotischer Neubau das Langhaus, eine Stufenhalle mit Seitenschiffen, von Hänslin Jörg begonnen und von seinem Sohn Aberlin Jörg weitergeführt. Am 16. Mai 1534 fand in der Stiftskirche der erste evangelische Gottesdienst statt. Seitdem ist das Gotteshaus, das bereits vor der Reformation die ranghöchste württembergische Kirche war, das geistliche Zentrum des evangelischen Württemberg. Zweimal, 1548–52 und 1634–48, während des Dreißigjährigen Krieges, wurde die Kirche rekatholisiert. 1553 berief Herzog Christoph Johannes Brenz zum Stiftsprobst und Reformator Württembergs. Brenz liegt unter der Kanzel begraben, sein Epitaph mit einem Brustbild (1584) ist an der Wand links der Taufkapelle angebracht. 1839–43 erfuhr das Kirchenschiff eine neogotische Ausgestaltung. 1944 zerstörten Bomben die Kirche bis auf die beiden Türme, die Nordwand und die Chorumfassungsmauern. Das Langhaus wurde 1954–58 nach Entwürfen von Hans Seytter wiederaufgebaut. Unter Verzicht auf die Dreischiffigkeit entstand ein zur Kanzel hin orientierter Kirchensaal mit einem flachen, hölzernen Tonnengewölbe. 1999–2003 wurde das Kirchenschiff durch Bernhard Hirche umgestaltet, mit neuer Decke, deren Glassegel die Akustik verbessern und die Dreischiffigkeit des untergegangenen gotischen Gewölbes andeuten.

Außenansicht: Neben dem schlanken Chor am Schillerplatz prägen zwei ganz unterschiedliche Türme das Gebäude. Am Südturm mit seiner siebenfach gewendelten gotischen Treppenspindel lässt sich die Baugeschichte der Stiftskirche ablesen. Über der romanischen unteren Hälfte (das gotische Fenster im Erdgeschoss wurde später eingebaut) erheben sich die Geschosse aus gotischer Zeit, zuletzt wurden 1488 das Glockengeschoss und 1578 der Helm errichtet. An der nach dem Krieg neu erbauten Südwand der Kirche sind über einer Freikanzel die Reste des im Krieg teilzerstörten *Aposteltores* (1494) zu sehen. Jürgen Weber hat 1958 die bronzene *Missionspforte* unter den Skulpturen gestaltet. Die kleine Kreuzigungsgruppe an der Südwand des Chores mit Maria, Johannes und einem Pelikan über dem Kreuz (um 1320) ist eines der ältesten Kunstwerke der Stiftskirche. Den 1531 vollendeten, 61 m hohen mächtigen Westturm des Baumeisters Marx schließen oben polygonale Geschosse mit Maßwerkbrüstungen ab. Die vier Evangelisten am Westturm sind um 1495 entstanden.

Innenraum: Mittelpunkt sind der archaisch anmutende Sandsteinaltar (2003) von Holger Walter, das Kruzifix von Martin Scheible (1943), die mit ihren Rundungen souverän reduzierte Kanzel und die Kanzelsäule mit *Gerichtsengel* (1957) von Fritz von Graevenitz. Die Lettnerfiguren von 1495 hinter der Kanzel und an der Südturminnenwand zeigen Verkündigung und Geburt Jesu. Im Chor sind elf Standbilder württembergischer Grafen (1579–84) von Sem Schlör aufgestellt. Links vom Choraltar kniet der *Betende Ritter*, Hermann von Sachsenheim (1430–1508), Berater des Grafen Eberhard V. im Bart. Im Chor steht ein Kanzelkorb mit Reliefs der Evangelisten, Relikte der 1944 beschädigten gotischen *Goldenen Kanzel* (um 1460). In der Priestersitznische des Chors befindet sich das Grabmal des Stiftspropstes Ludwig Vergenhans. Der *Schutzmantelchristus* (um 1500) in der Taufkapelle ist eine höchst seltene Christusdarstellung. In der Stifterkapelle liegen die ältesten Grabmale der Kirche, Grabplatten des Grafen Ulrich I. »mit dem Daumen« und seiner Gattin Agnes, die beide 1265 starben. Die Fenster der Stiftskirche zeigen Glasfensterkunst der 1950er bis 2010er Jahre: Zu sehen sind im Chor Arbeiten aus dem Jahr 1958 von Wolf-Dieter Kohler (*Apokalypse*), Rudolf Yelin (*Leiden und Auferstehung Christi*) und Adolf Saile (*Gericht und himmlisches Jerusalem*). Weitere gegenständliche Fenster schuf Gottfried von Stockhausen an Süd- und Westwand (2001). Die abstrakten Glasfenster an der Südwand stammen von Johannes Schreiter (2003) und Bernhard Huber, der 2003 auch die Glasstelen gestaltete. Im Rahmen der Renovierung der Kirche 1999–2003 entstand eine in Sichtbeton gehaltene, schlichte Unterkirche, in deren Mitte das Untergeschoss der Kapelle aus dem 10. oder 11. Jh. zu sehen ist. Daneben befindet sich die Familiengruft des Hauses Württemberg, die bei Führungen einsehbar, aber nicht zugänglich ist.

Wo heute das **Alte Schloss** (I D5) steht, soll es einst ein Gestüt gegeben haben: der für Stuttgart namensgebende »Stuotgarden«. Im 10. Jh. wurde hier wahrscheinlich eine Wasserburg gebaut. In der zweiten Hälfte des 14. Jh.s verlegte Graf Eberhard I. der Erlauchte seine Residenz von Beutelsbach nach Stuttgart und ließ um 1300 hier eine gräfliche Burg errichten. Diese Dürnitz (Burghalle), zum heutigen Karlsplatz hin gelegen, hatte einen gewaltigen Keller von 6 m Höhe – er ist bis heute erhalten. Darüber erhob sich ein großer Saal mit Holzpfeilern, die 1931 einem Brand zum Opfer fielen. Unter Herzog Christoph baute Aberlin Tretsch ab 1553 die mittelalterliche Burg zu einem Renaissanceschloss um, der heutigen Vierflügelanlage. Die Dürnitz wurde für die herzogliche Wohnung, einen Rittersaal und weitere Wohnräume um zwei Geschosse erhöht. 1558 erhielt die Ostseite einen Archiv-Anbau mit einer Terrasse für die Damen. Fast 100 Jahre später, 1654, fügte man auf der Terrasse links neben dem ähnlich gestalteten Erker ein Belvedere hinzu, das »Bäulein«. Die drei mächtigen Türme – der Westturm gegenüber der Stiftskirche (1572–73), der Ostturm zur heutigen Planie hin (1578) und der Südturm vis-à-vis der Markthalle (1686) – verleihen dem Alten Schloss sein charakteristisches burghaftes Erscheinungsbild. Im Gegensatz dazu steht der spitzwinklige Schlosshof mit seinen drei Flügeln (1557), vor die in drei Geschossen opulent ausgearbeitete Arkadengänge gesetzt sind, die recht eigenwillig italienische Renaissance und deutsche Spätgotik verschmelzen. Die Arkadenbögen und das Kreuzrippengewölbe ruhen auf korinthisierenden Säulen. Südländisches Flair verströmt die souveräne Eleganz dieses Hofes: eine Oase der Ruhe in seiner großstädtischen Umgebung. Die an der Ostseite des Innenhofes gelegene Terrasse, die nur im Rahmen einer Führung zugänglich ist, erlaubt einen zauberhaften Blick auf den historischen Kern der Innenstadt. Ein Kuriosum ist die 1560 in einen Anbau des Hofs eingefügte Treppe von Blasius Berwart, auf der man den Rittersaal zu Pferde erreichen konnte. Das Reiterstandbild Herzog Eberhards I. im Bart (1859) schuf Ludwig Hofer. Im 18. Jh. verlor das Alte Schloss an Bedeutung, da es den repräsentativen Anforderungen an eine Barockresidenz nicht mehr genügte. Herzog Eberhard Ludwig verlegte 1718 die Residenz nach Ludwigsburg, wo er seit 1704 ein Schloss errichten ließ. 1733 wurde Stuttgart wieder Residenz. Ab 1746 entstand dort unter Herzog Carl Eugen neben dem Alten das Neue Schloss. Als der Herzog das Interesse an diesem Bau verlor, wurde Ludwigsburg 1764–75 erneut Regierungssitz. Nach Carl Eugen bewohnte kein württembergischer Herrscher mehr das Alte

Schloss. Es wurde zu einer Art Nebengebäude des Neuen Schlosses und diente der Unterbringung von Hofämtern und -bediensteten. 1899 wurden im Alten Schloss ein Armeemuseum und die Familiengalerie des Hauses Württemberg eingerichtet, ab 1930 Teile der Altertümersammlung. 1931 zerstörte ein Großbrand das Innere der Dürnitz und der beiden Ecktürme. Die Dürnitz wurde durch Paul Schmitthenner verändert wiederaufgebaut – so setzte er auf das Dach zum Karlsplatz drei große Zwerchhäuser. 1944 beschädigten Bomben das Schloss massiv, das gesamte Innere brannte aus. Wiederum besorgte Schmitthenner den Wiederaufbau. 1947–58 wurden die Arkadenflügel wiederhergestellt, die 1960–69 wiederaufgebaute Dürnitz erhielt neue, große Fenster, die Dachfläche wirkt mit kleinen Schleppgauben statt der übergroßen Zwerchhäuser ruhiger. Der Wiederaufbau zielte auf einen Museumsneubau. Archäologische Sammlungsbestände im Alten Schloss und die Kunstsammlung des Neuen Schlosses bildeten nach dem Krieg den Bestand des Württembergischen Landesmuseums (seit 2006 **Landesmuseum Württemberg**), das 1971 in der Dürnitz eröffnet wurde (s. S. 180).

Die 1558–62 von Aberlin Tretsch ins Alte Schloss integrierte **Schlosskirche** war das erste eigens als evangelische Kirche gebaute Gotteshaus in Württemberg. Völlig neu war die querrechteckige Anlage des Gottesdienstraums, in dem Chor, Kanzel und Altar in der Mitte der Längsseite platziert sind, der protestantischen Konzeption einer Predigtkirche entsprechend. Diese Anordnung wird noch durch drei Emporen – eine an der Längsseite und je eine an den schmalen Seiten – unterstrichen. Der Chor ragt in die Dorotheenstraße hinein. Der Haupteingang für die herzogliche Familie im ersten Obergeschoss mit dem württembergischen Wappen über Hermenpilastern (1560) stammt von Sem Schlör. 1573 ließ Herzog Ludwig auf das einfache Kreuzgratgewölbe von Conrad Wagner d. Ä. ein

Rippennetz mit Wappen seiner Familie aufstuckieren. 1865 überarbeitete Alexander von Tritschler die Kirche in neogotischen Formen mit anglisierender Anmutung. Er erneuerte die Kanzel, verbreiterte die Emporen und setzte Fenster mit neuem Maßwerk ein. Für die gotisierenden Emporenbrüstungen schuf Karl Kopp Büsten von Theologen, Fürsten und Repräsentanten geistlicher Musik. Die Schlosskirche zeigt heute bis auf die Fenster und die Bestuhlung den Zustand des 19. Jh.s. Von der ursprünglichen Ausstattung sind Werke von Sem Schlör aus den Jahren 1562/63 erhalten: vier Evangelistenreliefs am Altar, ferner die *Verklärung Christi* neben der linken Eingangstür der Kirche zur ehem. Königsloge und zwölf fein gearbeitete Reliefs mit den Artikeln des Glaubensbekenntnisses auf der westlichen Stirnempore. 1865 wurde unter der Schlosskirche eine Gruft angelegt, in der u. a. die Sarkophage von König Karl und Königin Wera mit Liegefiguren von Adolf Donndorf aus weißem Marmor stehen.

♦ Der **Schillerplatz** (I D5) wurde als einziger Ort in Stuttgart – vom Neubau des Hauses »König von England« von 1956 abgesehen – ganz in seinem Vorkriegszustand rekonstruiert. 1594 erhielt Heinrich Schickhardt von Herzog Friedrich I. den Auftrag, als Auftakt zum Alten Schloss einen repräsentativen Platz anzulegen. Dieser »Alte Schlossplatz« wurde 1934 in Schillerplatz umbenannt. Rings grenzen an den annähernd quadratischen Platz das Alte Schloss, das Haus »König von England«, der Chor der Stiftskirche, der Fruchtkasten, der Prinzenbau und die Alte Kanzlei. Jahrhundertelang konzentrierten sich hier weltliche und geistliche Macht. Das ***Schillerdenkmal*** wurde am 9. Mai 1839 eingeweiht. Finanziert vom »Stuttgarter Liederkranz«, diente es nicht nur der Ehrung Schillers, sondern akzentuierte auch Selbstbewusstsein und politische Zielsetzungen des Bürgertums. Das Monument ist das älteste deutsche Schillerdenkmal (das weltweit erste – aus dem Jahr 1813 – steht in Estland) und war eines der ersten Denkmäler, das keinen politischen Herrscher oder Militär, sondern einen Künstler auf ein Podest setzte. Nikolaus von Thouret entwarf den rötlichen Granitsockel, das knapp 4 m hohe Bronzestandbild des Dichters schuf der dänische Bildhauer Bertel Thorvaldsen. Bei Schillers Gesichtszügen orientierte er sich an der 1805–10 entstandenen Schillerbüste von Johann Heinrich Dannecker, die heute in der Stuttgarter Staatsgalerie zu sehen ist. Schiller trägt zeitgenössische Kleidung mit »Schillerkragen«, und darüber ist ein antikisierendes Gewand drapiert. Seinen lorbeerumkränzten Kopf hat der Dichter sinnend gesenkt, in der linken Hand hält er ein Buch, in der rechten einen Griffel. Auf dem Sockel sind vier bronzene Reliefs angebracht. Sie zeigen – im Uhrzeigersinn – eine Apotheose des Dichters, den Genius der Poesie, zwei Greifen mit Leier und die Siegesgöttin Viktoria mit einem Lorbeerkranz. Die Schillerskulptur überstand den Krieg im nahen Wagenburgtunnel. Im November 1945 ordnete die US-Militärregierung eine Wiederaufstellung inmitten der Ruinenlandschaft an. »So wie dieses Denkmal aufgerichtet steht [...], soll ein neuer Geist die Bürger von Stuttgart beseelen – geboren aus der Asche nationalsozialistischer Tyrannei«, so der amerikanische Stadtkommandant Jackson.

Anstelle des **Fruchtkastens** (Schillerplatz 1, I C5–D5) stand ursprünglich eine herrschaftliche Kelter. Sie wurde 1393 erwähnt, 1578 abgebrochen, neu erbaut und im 17. Jh. zum Fruchtkasten, also zum Kornspeicher. 1596 schuf Heinrich Schickhardt eine neue Fassade im Renaissancestil mit einer symmetrischen Fensteranordnung, Stockwerkgesimsen und Voluten. Die Bacchusskulptur auf dem spitz zulaufenden Giebel verweist auf die frühere Kelter, die zentralen Ladeluken erinnern an die spätere Funktion des Gebäudes als Getreidespeicher. 1944 wurde der Bau stark beschädigt, danach wurde die

Fassade leicht verändert rekonstruiert und das Innere im zeittypischen Stil der 1950er Jahre gestaltet. Heute beherbergt das Gebäude das **Haus der Musik im Fruchtkasten**, eine Abteilung des Landesmuseums Württemberg. Es zeigt eine Sammlung historischer Musikinstrumente, die bei öffentlichen Konzerten im Saal des Erdgeschosses gespielt werden.

Der **Prinzenbau** (Schillerplatz 4, I D5) geht auf den bedeutendsten württembergischen Renaissance-Baumeister Heinrich Schickhardt zurück: der Gewölbekeller und das Sockelgeschoss der Rückfassade stammen noch aus dieser Bauphase ab 1604. Die dreigeschossige Sandsteinfassade des noblen Baus mit seinen kraftvollen Gesimsen und zurückhaltenden Pilastern gestaltete Matthias Weiß 1678–85. Das Hauptportal flankieren je zwei korinthische Säulenpaare, die ein Gebälk mit gesprengtem Dreiecksgiebel tragen. 1706 wurde das mittelalterliche Tunzhofer Tor zwischen dem Prinzenbau und der Alten Kanzlei abgebrochen, und 1708–15 wurde der Prinzenbau durch Johann Friedrich Nette bis zur Alten Kanzlei in barockem Stil verlängert. Unter diesem Anbau führt ein Durchgang, der sog. Kanzleibogen, vom Schillerplatz in Richtung Königstraße und Schlossplatz, seit Jahrhunderten eine der wichtigsten Fußgängerpassagen der Stadt. Den Ausgang des Kanzleibogens zur Planie bildet ein Renaissanceportal in der Rückfront des Prinzenbaus, die durch komposite Kolossalpilaster gegliedert ist. Der Bau, ursprünglich als Haus für auswärtige Gesandte geplant, war Wohnstätte von Mitgliedern des württembergischen Herrscherhauses (daher die Bezeichnung »Prinzenbau«) und beherbergt heute das Justizministerium.

Die **Alte Kanzlei** (Schillerplatz 5, I D5) ließ Herzog Ulrich 1542–44 als württembergischen Regierungs- und Verwaltungssitz erbauen. Aberlin Tretsch erhöhte das Gebäude 1566 um ein Geschoss und verlängerte es in Richtung des späteren

Prinzenbaus. Die wie ein Treppengiebel gestaltete Brandmauer am Dach markiert die Verknüpfung der beiden Gebäudeteile. Ab 1715 verband ein Anbau des Prinzenbaus diesen mit der Alten Kanzlei. Zwei runde Treppentürme akzentuieren die Fassade mit ihren sandsteingerahmten Kreuzstockfenstern. Das rechte Portal aus der ersten Bauphase wurde 1684 von Matthias Weiß um das linke Portal mit barocker Rahmung ergänzt, 1879 glich Alexander von Tritschler die beiden Portale im Stil der Renaissance einander an. An der Nordostecke der Alten Kanzlei zum Schlossplatz hin steht die **Merkursäule**, 1598 als Druckbehälter für die Wasserwerke des herzoglichen Lustgartens und die Brunnen des Alten Schlosses erbaut. Den Wasserkasten ersetzt seit 1862 eine vergoldete Merkurskulptur von Johann Ludwig von Hofer, die Kopie einer Merkurstatue von Giovanni Bologna aus dem Jahr 1580, die sich im Palazzo del Bargello in Florenz befindet.

Der **Mittnachtbau** (Königstraße 64, I C6) von Ludwig Eisenlohr und Oskar Pfennig ist ein hervorragendes Zeugnis modernen Bauens im Stuttgart der 1920er Jahre. Das 1926–28 errichtete Eckgebäude besteht aus zwei miteinander verschränkten Kuben: einem siebengeschossigen, langgestreckten Bauteil an der Königstraße 64 und einem zurückversetzten Turm mit zehn Geschossen an der Büchsenstraße. Der Horizontalbau zeigt eine Geschossproportionierung, die Gleichförmigkeit vermeidet: Die beiden untersten Geschosse sind höher als die vier Etagen darüber; das oberste, zurückgesetzte Stockwerk ist noch einmal niedriger als diese vier Geschosse. Der Stahlbetonskelettbau ist mit wechselweise horizontal und vertikal ausgerichteten gemaserten Travertinplatten verkleidet, wodurch die Fassade eine gewisse Lebendigkeit erhält. Dunkle, durchlaufende Sohlbänke unter den Fenstern an der Königstraße betonen die Horizontalität dieses Gebäudeteils. Ebenfalls dunkle Gesimse an der Turmecke setzen kraftvolle

Akzente auf dem hellen Travertin. Beim Wiederaufbau des im Krieg beschädigten Bauwerks wurden 1953 an der Gebäudeecke der Königstraße zwei vollverglaste Erker hinzugefügt. Benannt ist das Gebäude nach Freiherr Hermann von Mittnacht, der 1876–90 erster Ministerpräsident des Königreichs Württemberg war.

Die **Neue Kanzlei** (Königstraße 44, I C5) wird meist **»Stockgebäude«** genannt, denn ein 1551 begonnenes Vorgängergebäude wurde nach Errichtung des ersten Stockwerks zunächst nicht weitergebaut. Die Neue Kanzlei wurde 1833–38 von Gottlob Georg Barth und Adam Friedrich Groß über dem bereits bestehenden Keller als Sitz der königlichen Verwaltung errichtet, mit vier Stockwerken und 15 Fensterachsen. Die Fassade zeigt einen schlichten Klassizismus, nur der Haupteingang ist durch einen Portikus mit vier dorischen Säulen repräsentativ hervorgehoben. Im Keller aus dem Jahr 1578 – der ältesten erhaltenen baulichen Struktur an der Königstraße – wurde früher Wein gelagert und später eine Registratur eingerichtet; heute bildet er das Untergeschoss eines Ladens.

Das **ehem. Geschäftshaus Speiser** (Königstraße 34, I C5) wurde 1950–51 von Rolf Gutbier erbaut und war als erstes Stuttgarter Gebäude mit einer Stahl-Glas-Fassade revolutionär. Der Stahlskelettkonstruktion ist eine Fassade mit aluminiumgerahmten Fenstern und niedrigen, gewellten Brüstungen vorgehängt. Indem sie Horizontalität betonen, wirken schmale, dunkle Doppel-T-Träger zwischen den acht Geschossen wie Gesimse. Über das obere Geschoss erhebt sich eine kantige Dachplatte. Rolf Gutbiers an US-amerikanischen Vorbildern orientierte, bestechend klare Ästhetik bedeutete in der Stuttgarter Nachkriegszeit einen Aufbruch in eine neue Zeit entschieden modernen Bauens.

Baden-Württembergische Bank (Kleiner Schlossplatz 11, oberhalb des Kunstmuseums, I D5): Das 1964–68 entworfene

Gebäude hinter dem Kunstmuseum hat eine ungewöhnliche Fassade. Sie weicht von der zeittypischen strengen Rasterung ab, denn der Architekt Rolf Gutbrod hat in die Fensterbänder der Geschosse in unregelmäßigen Abständen reliefartig erhabene Zwischenelemente aus Naturstein gesetzt, die unten spitz zulaufen. Sie verleihen dem klaren Kubus eine auflockernde Lebendigkeit. Die mit dunkel eloxiertem Aluminium verkleideten Ecken des Gebäudes mit schmalen Fensterschlitzen schaffen ein Gegengewicht zur hellen, dynamischen Fassade, ebenso wie das dunkel gehaltene Erdgeschoss und das erste Obergeschoss mit einer ruhigen Abfolge von Stützen. Das Bankgebäude strahlt elegante Modernität aus.

Kunstmuseum (I D5): Zwischen einem sachlichen Geschäftshaus von 1969 in Sichtbeton und dem klassizistischen Königsbau haben Rainer Hascher und Sebastian Jehle einen selbstbewussten Kubus gesetzt. Das Museum entstand 2002–05 dort, wo 1963 die Ruine des klassizistischen Kronprinzenpalais abgerissen und 1966–69 der von den Stuttgartern mäßig geschätzte brutalistische »Kleine Schlossplatz« gebaut worden war – er überdeckelte eine gewaltige Verkehrsschneise für Autos und Straßenbahn, die in den 1990er Jahren rückgebaut wurde. Das Kunstmuseum stellte wieder die stadträumlich wichtige Sichtachse zum heutigen StadtPalais her. Kern des Museumsbaus ist ein mit roh bossiertem Kalkstein verkleideter Kubus. Ihn umgibt eine gläserne Hülle, an deren Außenwand jeweils in großen Lettern der Titel der gerade gezeigten Ausstellung aufgebracht ist. Tagsüber spiegelt die Glashülle die Umgebung, nachts ist der innere Bau im Bau beleuchtet. Damit setzt der elegante Würfel am Schlossplatz einen provokativen Akzent in Stuttgarts Mitte. Fulminant ist der Blick auf die Innenstadt und die Stuttgarter Hänge von den Umgängen zwischen innerem Ausstellungsbau und Glashülle sowie vom obersten Stockwerk, in dem sich ein Restaurant befindet. Zur

Das Kunstmuseum – nachts mit beleuchtetem Inneren

Sammlung s. S. 178. Vor dem Kunstmuseum steht seit 1981 eine Plastik von Alexander Calder, *Crinkly avec disque rouge* (1973), das bedeutet etwa »Faltig/zerknittert mit roter Scheibe«.

Der **Königsbau** (I D5), von König Wilhelm I. in Auftrag gegeben und 1855–59 errichtet, wurde als Pendant zum Neuen Schloss konzipiert. Johann Michael Knapp und Christian Friedrich Leins schufen einen dreigeschossigen Bau für Hofbälle und Konzerte, den außerdem Stuttgarts erste Ladenpassage durchzog – sie existiert bis heute. Die Front des 135 m langen spätklassizistischen Baus bilden eine Kolonnade aus 26 ionischen Kolossalsäulen und zwei leicht vorspringende korinthische Portiken. Von der »schwäbischen Akropolis« war dereinst im lokalen *Amtsblatt* die Rede. Vorbauten mit ionischen Säulen an den beiden Seitenfronten sind auf das Kunstgebäude bzw. die Bolzstraße ausgerichtet. Links neben dem Portikus an der nach Eugen Bolz benannten Straße ist ein Bronzerelief von Alfred Hrdlicka aus dem Jahr 1993 angebracht, ein Denkmal für Eugen Bolz, den württembergischen Staatspräsidenten und Widerstandskämpfer, der 1945 von den Nationalsozialisten ermordet wurde. Seit 2006 befinden sich direkt hinter dem Königsbau die Königsbau-Passagen, ein Einkaufszentrum des Architekturbüros Hascher Jehle.

Der **Schlossplatz** (I D5) ist Stuttgarts Mitte, eine weite, souverän ausgebreitete Fläche, gesäumt von Bauten ganz unterschiedlicher historischer Prägung, aus dem 16. bis 21. Jh. 1861 wurde der ursprüngliche Exerzierplatz durch Rasenflächen, Blumenrabatten und das noch heute existierende Wegesystem zum Schlossplatz umgestaltet. Zentrum des Platzes ist die 1841–46 zum 25-jährigen Regierungsjubiläum König Wilhelms I. errichtete granitene, 30 m hohe Säule nach einem Entwurf von Johann Michael Knapp. Vier Bronzereliefs von Theodor Wagner am Sockel zeigen die Huldigung der Landstände an Wilhelm I. zu seinem Thronjubiläum und Schlachtenszenen aus den Befreiungskriegen 1814. Gekrönt wird die Säule von einer 5 m hohen Bronzeskulptur der Göttin Concordia (Eintracht), geschaffen von Johann Ludwig von Hofer. Vier allegorische Frauenstatuen an den Ecken des Sockels stehen für die vier gesellschaftlichen Stände: Handel und Gewerbe (Spindel), Bauernstand (Ährenbündel und Hacke), Militärstand (Schwert und Schild) sowie Kunst und Wissenschaft (Leier und Buch). Die *Jubiläumssäule* wird flankiert von zwei 1863 von Karl Kopp und Christian Friedrich von Leins gestaltete Springbrunnen mit großen, von Säulen getragenen Schalen. Vier an der Säule des südlichen Brunnens angebrachte Putti verkörpern die Flüsse Neckar, Kocher, Fils und Enz, beim nördlichen Brunnen repräsentieren vier Putti die Flüsse Donau, Nagold, Tauber und Jagst. Vor dem Königsbau steht der ebenfalls von Leins entworfene eiserne Musikpavillon, vor dem Königin-Olga-Bau ein 1889 von Paul Müller geschaffenes Bronzedenkmal für Herzog Christoph (1550–68), der den Protestantismus in Württemberg festigte und die staatliche und kirchliche Verwaltung reformierte.

Neues Schloss (I D5): Als 16-Jähriger trat Herzog Carl Eugen 1744 die Regierung an. Seit 1718 war Ludwigsburg württembergische Residenz. Die Stadt Stuttgart und die »Landschaft«, die Ständevertretung Württembergs, wollten die Rückkehr der Residenz nach Stuttgart. Carl Eugen sagte zu und verlangte in Gegenzug eine zeit- und standesgemäße Wohnung. 1746 begann somit der Bau des Schlosses, eines der letzten großen Stadtschlösser Süddeutschlands. Leopoldo Retti entwarf eine spätbarocke, an französische Vorbilder anknüpfende Dreiflügelanlage. Nach Rettis Tod 1751 baute der bereits klassizistisch orientierte Philippe de La Guêpière weiter. Die von ihm gestaltete Fassade der Stadtseite zum Alten Schloss strahlt klassizistische Kühle aus, wohingegen die Gartenfassade durch Retti mit Elementen des Rokoko gestaltet worden war. Nach einem Brand des Schlosses 1762 und einer erneuten Verlegung der Residenz 1764 nach Ludwigsburg wurde der Innenausbau des Neuen Schlosses erst 1807 durch Nikolaus Friedrich Thouret in klassizistischem Stil vollendet. Der letzte württembergische König Wilhelm II. bewohnte das Schloss nicht mehr. Am 2. März 1944 brannte es nach Luftangriffen bis auf die Umfassungsmauern und wenige Innenwände aus. Die Zukunft der Ruine wurde kontrovers diskutiert, ein Abriss sowie die Errichtung eines Kaufhauses, Kurhotels oder des Landtags standen zur Debatte. 1957–64 wurde das Äußere des Neuen Schlosses nach Planungen von Rudolf Lempp und Hans-Detlev Rösiger wiederaufgebaut. Es zeigt äußerlich heute nur wenige Veränderungen gegenüber dem historischen Zustand wie etwa einen rosafarbenen Anstrich der Gartenfassade und das Fehlen der Kamine. Herta-Maria Witzemann gestaltete das Innere des Schlosses für Zwecke der Verwaltung des Landes (Ministerien) in der reduziert-sachlichen Formgebung der 1960er Jahre, nur die Räume des Corps de Logis und der Weiße Saal wurden historisch rekonstruiert.

Drei etwa gleich lange und gleich hohe zweigeschossige Flügel mit zusätzlichen Attikageschossen und Mansarddächern umschließen einen Ehrenhof zum Schlossplatz hin; die beiden Seitenflügel mit ihren Eckpavillons bilden selbst wieder ansatzweise eine Dreiflügelanlage. Die Fassaden mit ihren Doppelpilastern zeigen eine zurückhaltende Plastizität. Über dem zentralen Mittelbau, dem Corps de Logis, wölbt sich eine Kuppel. Die dreiachsige Portikusvorhalle flankieren Skulpturen der Minerva und des Herkules von Louis-François Lejeune (1759). Das original erhaltene Giebelfeld von Domenico Ferretti (1750) enthält das Landeswappen. Ferretti gestaltete auch den reich geschmückten Giebel des Gartenflügels zum Schlossgarten hin und die 59 Dachfiguren des Schlosses. Auf den Torpfeilern des Ehrenhofs stehen die 1853 von Antonio Isopi geschaffenen württembergischen Wappentiere Hirsch und Löwe. Im Corps de Logis von Retti und La Guêpière gelangt man über Vestibül und Treppenhaus in das erste Obergeschoss mit gekuppelten korinthischen Pilastern und Wänden aus natürlichem und Stuckmarmor. Danach führt der Gardesaal zum eineinhalbgeschossigen größten Saal und prächtigen Zentrum des Schlosses, dem Marmorsaal. Gekuppelte Kompositpilaster stehen vor Arkaden mit ionischen Pilastern, darüber liegt eine reich ausgestaltete Attika. Die sieben silbernen Rokokolüster stammen von Philipp Jacob Drenwett (1738) und Bernhard Heinrich Weyhe (1762). Das Deckenbild der Aeneasgalerie von Matthäus Günther (1757) wurde 1962 von Karl Manninger wiederhergestellt. Den Weißen Saal im stadtseitigen Eckpavillon hat La Guêpière im strengen Goût grec gestaltet, einer Stilrichtung des französischen Frühklassizismus. Über den Wänden in weißem Stuckmarmor wölbt sich eine Muldendecke. Im Weißen Saal finden Veranstaltungen statt, während das Corps de Logis repräsentativen Aufgaben der Landesregierung dient und nur im Rahmen von Sonderführungen zu besichtigen ist. Im Schloss sind das baden-württembergische Finanz- und das Arbeitsministerium untergebracht.

Dort, wo heute das **Kunstgebäude** (I D5) steht, war 1583–93 das Neue Lusthaus, ein prächtiger Renaissancebau, errichtet worden – im 18. Jh. wurde es zum Opernhaus und im 19. Jh. zum Hoftheater umgebaut, 1902 brannte es ab (zu den Überresten des Baus im Mittleren Schlossgarten s. S. 37). In Stuttgart fehlte damals ein Haus für Kunstausstellungen. 1909–13 entwarf Theodor Fischer somit das Kunstgebäude, dessen bauliches Konzept eine Hinleitung auf das Neue Schloss war: Das niedrigere und in seiner Ausstrahlung zurückhaltende Kunstgebäude belässt dem Neuen Schloss den Herrschaftsanspruch am Schlossplatz. Die Arkadenvorhalle mit ihren sieben Rundbogen und sechs Säulen erinnert an italienische Vorbilder der Renaissance und zugleich an die Arkaden des vorigen Neuen Lusthauses. Hinter der in ihren Proportionen souverän ausgewogenen Arkade liegt ein zentraler zwölfeckiger Kuppelsaal mit einer Laterne, deren schräge Scheiben Licht in den Saal lassen. Auf ihr steht eine vergoldete Hirschskulptur von Ludwig Habich. Das 1944 stark

Der Schlossplatz. Die Gebäude rings herum im Uhrzeigersinn ab dem Alten Schloss (links): Alte Kanzlei, Kunstmuseum, Königsbau, Königin-Olga-Bau, Kunstgebäude, Neues Schloss

beschädigte Gebäude wurde 1956–61 von Paul Bonatz' Schüler Günter Wilhelm vereinfacht und vergröbert wiederaufgebaut. 1961 entwarf er einen quadratischen Ergänzungsbau mit Sheddach und sehr flexibel gestaltbarer Fläche. Dort finden die Ausstellungen des **Württembergischen Kunstvereins** statt.

An einer Gebäudewand zur Parkseite hin lehnt ein überdimensionaler Ehrenkranz aus grün gefärbtem Beton, daneben steht an der Wand »STAMMHEIM« – eine Referenz auf die Terroristenprozesse der 1970er Jahre in Stuttgart-Stammheim. Die Installation von Olaf Metzel stammt aus dem Jahr 1984.

Der **Königin-Olga-Bau** (Königstraße 9, I D5) am Schlossplatz ist angesichts seiner Entstehungszeit 1950–54 in seiner Gestalt eigenartig. Der Vorgängerbau gleichen Namens, benannt nach der Zarentochter Königin Olga von Württemberg (1822–1892), war ein neobarockes Bankgebäude, wurde allerdings im Krieg zerstört. Paul Schmitthenner, der nach dem Krieg auch das Alte Waisenhaus und das Alte Schloss wiederaufbaute, entwarf den Bankneubau in seinem ganz eigenen traditionalistischen Stil. Erdgeschoss und erstes Geschoss der Stahlbetonskelettkonstruktion sind mit Sandstein und Travertin verkleidet, darüber erheben sich drei weitere Stockwerke mit Sandsteinfassaden. Auf dem Dach steht ein häuschenartiges Bauwerk mit Walmdach, das die Haustechnik beherbergt. Das fünfgeschossige Gebäude präsentiert sich zur Königstraße hin mit hohen Rundbogenarkaden, die Urbanität ausstrahlen. Helle Eckquader, Konsolgesimse und Sprossenfenster mit Lamellenklappläden an der langgestreckten Fassade am Schlossplatz dagegen signalisieren stilistische Rückwärtsgewandtheit. Das rundbogige Entree mit einer wuchtigen Einfassung aus Muschelkalkquadern erinnert an das Eingangstor einer Burg. Schmitthenners massiv-traditionalistischer Bau sollte baulich die Sicherheit und Seriosität einer Bank konkretisieren, doch er scheint wie aus der Zeit gefallen. Der Königin-Olga-Bau dürfte zu den letzten repräsentativen Gebäuden der Nachkriegszeit in Baden-Württemberg zählen, die noch eine vormoderne Ästhetik der ersten Jahrhunderthälfte zeigen.

Ehem. Bahnhof (Bolzstraße 10, I D5): Für den Eisenbahnanschluss der Stadt im Jahr 1846 wurde 1844–46 nach einem

Entwurf von Karl Etzel in der heutigen Bolzstraße ein Bahnhof gebaut. Da der Bahnverkehr stark zunahm, galt es den Kopfbahnhof zu vergrößern. Georg Morlok und Adolf Wolff schufen 1864–67 einen repräsentativen Empfangsbau mit fünf säulengesäumten Arkaden im Stil der italienischen Hochrenaissance. Das ursprüngliche Bahnhofsgebäude von Etzel rechts neben dem neuen Haupteingang wurde aufgestockt, und links entstand ein dem Bau Etzels formal angepasstes Verwaltungsgebäude. Mit der Stilllegung des Bahnhofs 1922 begann der Betrieb des ab 1914 erbauten heutigen Hauptbahnhofs. Am Standort des alten Bahnhofsgebäudes wurde 1925/26 nach Plänen der Stuttgarter Architekten Paul Schmohl, Georg Staehelin und Albert Eitel sowie Richard Bielenberg und Josef Moser aus Berlin der UFA-Palast errichtet. Vom alten Bahnhof blieben der Ursprungsbau Etzels und drei Bögen des pompösen Empfangsgebäudes erhalten. 1926 war der UFA-Palast, der sich gestalterisch an US-Broadway-Kinos orientierte, mit seinem riesigen Saal, der über 1300 Plätze verfügte, das größte Filmtheater Süddeutschlands. Das Gebäude mit Gastronomie, das noch bis Ende 2020 drei Sälen des Kinos Metropol Raum bot, ist ein roter Putzbau mit einem zurückgesetzten und niedrigeren Anbau in der Lautenschlagerstraße, dessen Abschlussgesims aus Muschelkalk expressionistisch-zickzackförmig gestaltet ist. Werksteinvorlagen konturieren die Gebäudeecken und gliedern die Fassade an der Lautenschlagerstraße. Das Innere des Hauses wurde im Krieg stark zerstört. Einige historische Elemente sind erhalten, etwa die Treppenaufgänge mit expressionistischem Geländer, die Kuppel in einem der früheren Kinosäle und ein Majolika-Brunnen mit Skulptur im Foyer.

Domkirche St. Eberhard (I D5): In der Königstraße, Stuttgarts wichtigster Einkaufsstraße, liegt die katholische Hauptkirche der Stadt gleichsam am kommerziellen Puls der Innenstadt, eine Großstadtkirche par excellence. Sie ist die Gemeindekirche der Katholiken der Innenstadt und seit 1978 Konkathedrale der Diözese Rottenburg-Stuttgart. 1806 erlaubte König Friedrich I. mit dem Württembergischen Religionsedikt den Katholiken die öffentliche Ausübung ihrer Religion (bis dahin hatte es nur private katholische Gottesdienste gegeben). Der Anteil der Katholiken an der Stuttgarter Bevölkerung lag 1807 bei 0,6 %, 1871 betrug er 12 % und 23 % im Jahr 2018. Die 1769 neben Schloss Solitude von Reinhard Ferdinand Heinrich Fischer erbaute evangelische Kirche wurde 1808 abgetragen und von der Solitude über eine Strecke von neun Kilometern nach Stuttgart disloziert. Unter Verwendung dieses Baus entstand 1808–11 an der Königstraße nach Entwürfen von Nikolaus von Thouret die katholische Kirche St. Eberhard in klassizistischem Stil mit einem Portikus in korinthischer Kolossalordnung und einem kleinen Turm. 1944 wurde St. Eberhard bei zwei Luftangriffen vollständig zerstört. Den Neubau 1953–55 gestaltete Hugo Schlösser. Er baute keine entschieden moderne Kirche, sondern orientierte sich am Erscheinungsbild des zerstörten Baus und erhielt von ihm die Betonung des Mittelteils und den kleinen Turm. Die Fassade ist schlicht gehalten, geprägt von einem Rundfenster mit einem steinernen Kreuz der Dreifaltigkeit. Innen ist die Eberhardskirche eine Wegekirche mit breitem Mittelschiff und schmalen Seitenschiffen, in die Emporen eingebaut sind. Bei einem Umbau durch Bert Perlia 1990/91 wurde die Tonnendecke durch eine Kassettendecke ersetzt, die mit ihrer Faltung den Umriss der Kirchenfassade nachbildet. Hell, weit und nüchtern wirkt das Kirchenschiff. Dagegen setzt das 15 m hohe Mosaik *Der wiederkommende Herr* von Otto Habel an der Altarrückwand einen lebhaft-farbenfrohen Kontrast. Christus ist der Mittelpunkt eines gewaltigen Kreuzes, dessen Seitenflügel die törichten und klugen Jungfrauen bilden. Die Ausstattung des Altarraums – Altar (1973), Ambo (1973), Kathedra (1978), Tabernakel

(1990) – und den Taufstein (1990) in der linken Seitenkapelle hat Alfred Appenzeller in archaisch-kraftvollen Formen gestaltet. Links des Ambos ist eine spätgotische Marienstatue (um 1480) aufgestellt. Zwischen Altarraum und Sakristei ist ein Kruzifix aus der Anfangszeit des 16. Jh.s zu sehen. Die aus der kretischen Schule der Ikonenmalerei stammende Ikone *Mutter des Trostes* aus dem 17. Jh. im linken Seitenschiff zeigt Maria als königliche Muttergottes. Die farbigen Fenster in der Taufkapelle, im rechten Seitenschiff und in der Rupert-Mayer-Kapelle stammen von Hans Schreiner, ebenso ein Bild in der Taufkapelle, dessen rote Schnitte als Wundmale Christi anzusehen sind, während sich im oberen Teil des Bildes Licht auszubreiten scheint (1990). Das Gemälde *Kreuzigung* (1988) von Arnulf Rainer im rechten Seitenschiff besteht aus einem großflächigen Kreuz mit blutroten Streifen, über denen sich eine als Gestalt deutbare blaue Form zu krümmen scheint. Die Rupert-Mayer-Kapelle erinnert an den 1987 selig gesprochenen Rupert Mayer: Der 1876 in Stuttgart geborene Jesuitenpater war ein Gegner der Nationalsozialisten und zeitweise im Konzentrationslager Sachsenhausen inhaftiert; die Bronzebüste des am 1. November 1945 Verstorbenen schuf 1993 Karlheinz Oswald.

Haus der Katholischen Kirche (Königstraße 7, I D5): Der sehr schmale Bau ragt selbstbewusst vom ersten Obergeschoss an die 2 m in die Königstraße hinein. 2009 nach einem Entwurf von Anton Ummenhofer errichtet, nimmt er in der lebhaften Stuttgarter Einkaufsmeile eine besondere Position ein. Einerseits lehnt er sich an die Eberhardskirche an, denn beide Gebäude haben rote Sandsteinfassaden, und die mit gebrochenem Sandstein verkleidete Außenwand der Eberhardskirche bildet zugleich die markante Innenwand des Atriums des Hauses der Katholischen Kirche. Andererseits ist das Gebäude mehr als ein Gemeindebau, sondern mit Café und Buchladen ein beliebter öffentlicher Raum. Darin befinden sich das Informationszentrum der Katholischen Kirche in Stuttgart, das Dompfarramt St. Eberhard und ein Veranstaltungssaal. Auch Ordensfrauen vom Konvent der Barmherzigen Schwestern vom hl. Vinzenz von Paul in Untermarchtal leben hier, mitten in der Stuttgarter Innenstadt.

Das **Hahn & Kolb-Haus** an der Ecke König-/Thouretstraße (I D5) ist ein wichtiges Zeugnis des Neuen Bauens der 1920er Jahre. Mit seinen sieben Geschossen war es, kurz vor dem Tagblatt-Turm gebaut, das erste Hochhaus der Stadt. Wegen Bauschäden wurde das Gebäude in den 1990er Jahren abgerissen, doch die Fassadenrekonstruktion durch das Architekturbüro Arat, Siegel und Partner entspricht weitgehend dem Originalzustand. Der Ursprungsbau wurde 1925–27 von Albert Schieber als Sitz der Werkzeugmaschinenfabrik Hermann Hahn und Adolf Kolb errichtet. Die Sichtbetonfassaden und Horizontalschiebefenster sind charakteristische Merkmale der Neuen Sachlichkeit. Wandpfeiler, die sich über Erdgeschoss und erstes Stockwerk erstrecken, heben das Gebäude optisch an. An der Fassade in der Thouretstraße springen das fünfte bis siebte Geschoss zurück. Dadurch wird die streng gegliederte Fassade aufgebrochen und gewinnt eine gewisse Dynamik.

Ehem. Oberpostdirektion (Lautenschlagerstraße 27, I D5): Das von Max Luz und Georg Peters 1925–28 errichtete markante Gebäude hatte ein ähnliches Schicksal wie das Hahn & Kolb-Haus. Wie dieses und der Tagblatt-Turm war die Postbehörde in Stuttgart eines der ersten Hochhäuser und auch eines der ersten Eisenbetongebäude, wurde aber im Krieg stark zerstört, dann wiederaufgebaut und in den 1980er Jahren teilweise abgerissen. Neubauten kopierten zum Teil den Originalbau; im 21. Jh. wurden weitere Gebäudeteile ergänzt. Immer noch sehenswert ist der mächtige, zehngeschossige Hauptbau, der durch zwei schmale Vertikaleinschnitte gegliedert wird. Er besitzt mit seiner Kubatur und dem expressionistisch anmutenden durchbrochenen Steinband als Abschluss der Fassade noch die Ausstrahlung des ursprünglichen Bauwerks.

Das **ehem. Hahn-Hochhaus** (Friedrichstraße 10, II C4), 1962/63 von Rolf Gutbrod als Bürogebäude eines Autohändlers errichtet, hat einen Grundriss, der ein Trapez mit einem ganz unregelmäßigen Hexagon verknüpft. Das 14-geschossige Gebäude ist dramatisch gezackt und verbindet formale Kühnheit mit eleganter Vertikalität. Fensterbänder über schrägen Brüstungsfeldern aus Sichtbeton setzen dem Hochhaus eine ruhige Horizontalität entgegen. Geneigte Glasfenster im ersten Obergeschoss hinter scheibenförmigen Stützen unterstreichen seine Modernität.

Die **ehem. Bundesbahndirektion Stuttgart** (II D4) wurde 1911/12 nach Plänen von Martin Meyer errichtet. Den neobarocken Bau mit ionischen Kolossalpilastern schmücken bildhauerische Arbeiten von Rudolf Stocker. Nach öffentlichen Protesten gegen die Beseitigung des Gebäudes für das Projekt »Stuttgart 21« wurden lediglich drei rückwärtige Flügel abgerissen.

Rathaus (I C6–D6): Am Standort des ersten Rathauses von 1468 entstand 1899–1905 ein Vierflügelbau in neogotischem Stil. 1944 wurde er stark zerstört, konnte aber zum Teil wiederhergestellt werden. Der hintere Gebäudeteil wurde rekonstruiert, der Vorderbau am Marktplatz dagegen wurde nach einem Entwurf von Hans Paul Schmohl und Paul Stohrer 1953–56 vollständig neu errichtet. Lediglich der Turm blieb erhalten, wurde aber in seiner Höhe reduziert und vom neuen Rathausturm gänzlich ummantelt. Das neue Rathaus ist ein sachlicher, zurückhaltender Bau. Mit seinem Turm, wie ihn neu erbaute Nachkriegs-Rathäuser kaum noch aufweisen, zeigt er dennoch Präsenz. Uhr, Glockenspiel und ein Balkon über dem Haupteingang intonieren einen traditionellen Rathausbau, doch der rechteckige Turm und seine beiden kubischen Flügelbauten demonstrieren Modernität, in der noch die 1920er Jahre nachklingen. Große quadratische Fenster bestimmen die einheitliche Rasterung der mit Muschelkalkplatten verkleideten Fassade und akzentuieren Offenheit. Hinter dem verglasten Doppelgeschoss des linken Flügels liegt der Große Sitzungssaal, in dem der Gemeinderat tagt. Im Rathaus ist noch ein Paternoster in Betrieb, heute eine Seltenheit. Aus der Zeit des neogotischen Vorgängerbaus sind zwei Skulpturen erhalten. An der Rathausfassade zur Hirschstraße ist die *Stuttgardia* angebracht, eine Frauenfigur von Heinz Fritz, die ein Modell des alten Rathauses in der Hand hält, und in der Eichstraße (hinter dem Rathaus) ist eine von Daniel Stocker gestaltete Skulptur Hegels zu sehen, der 1770 einen Steinwurf vom Rathaus entfernt geboren wurde, in dem noch bestehenden Haus Eberhardstraße 53 (heute das Museum Hegel-Haus).

Der **Marktplatz** (I D6), 1290 erstmals urkundlich erwähnt, war ursprünglich der einzige öffentliche Platz der Altstadt und das bürgerliche Zentrum der Stadt. Hier standen ab 1455 das Herrenhaus, Sitz des Stadtgerichts und Kaufhaus, und das 1460–80 erbaute erste Rathaus. Auch Hinrichtungen fanden hier statt. Der Marktplatz war jahrhundertelang und ist bis heute Schauplatz öffentlicher Veranstaltungen. Von den drei Märkten, die Herzog Ulrich 1507 erlaubte, gibt es heute noch zwei: den Wochen- und den Weihnachtsmarkt. 1944 wurden die Bauten des Marktplatzes aus dem 16. bis 20. Jh. bei Bombenangriffen weitgehend zerstört. Der Wiederaufbau erfolgte nahezu in der alten Parzellierung; damit blieb die historische Kleinteiligkeit des Fassadenablaufs erhalten. Die Häuser selbst aber wurden modern gestaltet. Beispielhaft ist das an den Neubauten Marktplatz 8–13 zu sehen, die 1950–52 nach Entwürfen von Fritz Weckerle entstanden. Die fünfgeschossigen Bauten mit ihren großen Fenstern und Flachdächern verfügen im Obergeschoss über Loggien, die den Häusern eine leicht mediterrane Ausstrahlung verleihen. Das wird noch durch die unterschiedliche Farbgebung der Fassaden unterstrichen, die zugleich an die ursprüngliche Vielfalt der historischen Bauten erinnert. Als einziges Gebäude am Marktplatz zeigt das Haus Marktplatz 14 (1908) noch originale Elemente, einen Erkerfries mit den *Sieben Schwaben* und eine Skulptur des Schuhmachers und Dichters Hans Sachs. Insgesamt versucht die Nachkriegsbebauung des Marktplatzes eine Balance zwischen historischen Reminiszenzen und konsequent moderner Gestaltung der Einzelbauten. Unter dem Marktplatz ist eine **Bunkeranlage** von 1940 verborgen, die 1945–85 als (fensterloses) Hotel diente. An der südöstlichen Ecke des Platzes steht der eiserne **Marktbrunnen** (1714), für den Nikolaus von Thouret 1804 eine Säule schuf, geziert von einer Stute mit Fohlen und gekrönt von einer Vase.

Vom Marktplatz führt die schmale, ansteigende **Schulstraße**, 1950–60 erbaut, zur Königstraße hinauf. Schon im 12. Jh.

war der Bereich Teil einer Kaufmannssiedlung. Die Schulstraße gilt als wichtiger Beitrag Stuttgarts zum Städtebau der Nachkriegszeit. Sie war eine der ersten deutschen Fußgängerzonen und die erste mit zwei Ebenen. Die obere bildet beidseitig dem ersten Stockwerk der angrenzenden Häuser vorgelagerte Terrassen, die durch zwei Brücken miteinander verbunden sind. Im Erdgeschoss der Geschäftsbauten sind Läden untergebracht, in der ersten Etage vorwiegend Gastronomiebetriebe.

Der umfangreiche Gebäudekomplex des **Kaufhauses Breuninger** (Marktstraße 1–3, I D6) präsentiert sich am Marktplatz mit einem monumentalen, festungshaft wirkenden Betonbau (1971) von Rainer R. Czermak. Der markante Gebäudeteil daneben mit einer beige-grau strukturierten Natursteinfassade und horizontalen Fensterschlitzen stammt aus den frühen Nachkriegsjahren. Das sog. Hochhaus des Kaufhauses an der Ecke Markt-/Hauptstätter Straße geht auf das Jahr 1931 zurück. Damals errichteten Ludwig Eisenlohr jun. und Oskar Pfennig einen zeitgemäßen achtgeschossigen Bau mit Fensterbändern und abgerundeter Ecke, der an Erich Mendelsohns 1928 in der Eberhardstraße errichtetes Warenhaus Schocken erinnert. Nach Kriegszerstörungen wurde das Eckgebäude verändert rekonstruiert und mit einer Aluminium-Lamellen-Fassade verkleidet, hinter der Teile des Originalbaus noch erhalten sind. An der Hauptstätter Straße zeigt das noch sichtbare verglaste Treppenhaus von 1931 die gestalterische Prägnanz seiner Zeit. Seit 1989 führt die Karlstraße als »Karlspassage« durch das Kaufhaus hindurch und endet in einem 35 m hohen runden Atrium mit Glaskuppel (Entwurf: Hans Kammerer und Walter Belz).

Wer den Rundbau verlässt, gelangt in das 2014–17 von Behnisch Architekten entworfene **Dorotheen Quartier** zwischen dem Kaufhaus Breuninger und dem Karlsplatz (I D6). In einen reinen Fußgängerbereich wurden drei voluminöse Gebäude gesetzt, deren vier- und fünfgeschossige Fassaden mit unterschiedlichen Materialien – Kalkstein, Aluminium und Glas – abwechslungsreich gestaltet sind. Schräge Fensterlaibungen in den beigen Kalksteinflächen, bisweilen trapezförmige Fenster und elegant gefaltete Aluminiumfassaden verleihen den Bauten eine eigenwillige und lebendige Ausstrahlung. Als »fünfte Fassade« tragen die Baukörper jeweils einen steilen, mehrgeschossigen Dachaufbau mit einer fast kristallinen Anmutung. Im obersten Dachbereich sind die Fenster zu Sonnenschutzzwecken mit bläulicher Folie bedruckt – ein weiteres apartes Gestaltungselement. Die Arkaden der beiden Bauten an der Dorotheenstraße nehmen Bezug auf die benachbarte Markthalle. Das Dorotheen Quartier beherbergt Läden, Gastronomie, Büros, zwei Ministerien und Wohnungen. Der Komplex hat eine stadträumliche Bedeutung, weil er – nach dem Abriss des durchaus qualitätvollen Baus des Innenministeriums – einen historischen Stadtgrundriss wiederherstellte und von der zu einem kleinen Platz ausgeweiteten Kreuzung Sporer-/Münzstraße aus einen neuen, freien Blick auf Markthalle und Stiftskirche bietet.

Das **Hotel Silber** (I D6) hat eine bewegte Geschichte. 1874 baute Heinrich Silber das Gasthaus »Bayrischer Hof« zu einem Hotel aus. Das Gebäude wurde im Neorenaissancestil umgestaltet und blieb bis 1919 eine renommierte Hotel-Adresse. 1920–28 war die württembergische Oberpostdirektion in dem Gebäude untergebracht, ab 1929 diente es als Sitz der Politischen Polizei und des Polizeipräsidiums. 1936 wurde die Politische Polizei Teil der Geheimen Staatspolizei (Gestapo), und diese folterte und ermordete hier Gegner des nationalsozialistischen Terrorregimes. Im Untergeschoss befanden sich drei Arrestzellen, die auch nach Kriegende bis 1948 genutzt wurden. Neben der Tafel, die an die im April 1944 in der Gestapo-

Zentrale ermordete Else Josenhans erinnert, in der nach ihr benannten Straße auf der Gebäuderückseite sind die Fenster der einstigen Zellen zu sehen. 1944 wurde der Westflügel des Gebäudes bei einem Luftangriff weitgehend zerstört und ab 1947 von Hans Zimmermann vereinfacht wiedererrichtet. Noch bis 1983 nutzte die Polizei das Hotel Silber, 1985–88 wurde es für das Innenministerium umgebaut. Ab 2009 trat eine Bürgerinitiative für die Erhaltung des abrissbedrohten Gebäudes ein, der ein Lern- und Gedenkort werden sollte. Seit einem Umbau des Hotels Silber 2017/18 durch das Büro Wandel Lorch Architekten zeigt das Gebäude als Nebenstelle des Hauses der Geschichte eine Dauerausstellung zu Polizei und Verfolgung in drei politischen Systemen sowie Wechselausstellungen. Dabei sollen Kontinuitäten und Brüche der polizeilichen Praxis verdeutlicht werden. Der ursprüngliche Erker des Hotels wurde abstrahierend nachgebildet. Elf durch Platten geschlossene Fenster der Fassade sind mit Leitthemen der Ausstellung beschriftet worden: Überwachung, Denunziation, Verhaftung, Verfolgung, Ausgrenzung, Vorurteil, Mut, Widerstand, Würde, Recht, Staatsschutz. Im Treppenhaus sind über vier Stockwerke Glasfenster von Herbert Volz mit dem Titel *Die vier Farben des Kantenspektrums als transparente Schichtung* (1987) eingebaut.

Das **Bohnenviertel** liegt gegenüber dem Hotel Silber, auf der anderen Seite der Hauptstätter Straße (I D6). Dieses Quartier geht auf eine Stadterweiterung über die Stadtmauern hinaus nach 1393 zurück, die Esslinger- und Leonhardsvorstadt. In früheren Zeiten besaßen die Bewohner hier Gärten, in denen sie Bohnen anbauten. Das Bohnenviertel begrenzen Esslinger, Kanal-, Rosen-, Olga- und Pfarrstraße. Die kleinteilige Struktur ist von einer Mischung aus Wohnhäusern, Gastronomie und Läden geprägt. Bauten des Barock (z. B. das Haus **Rosenstraße 36**), Klassizismus und Historismus machen den Charme des Quartiers aus. Das klassizistische Haus Rosenstraße 29 (1829) ist eines der ältesten Stuttgarter Mietshäuser, das spätklassizistische Doppelmietshaus Rosenstraße 35/37 stammt aus dem Jahr 1864. Im Rahmen einer gelungenen Sanierung des Viertels entstanden zwischen Charlotten- und Rosenstraße in den Jahren 1979–83 Wohnbauten mit Innenhöfen. John Darbourne und Geoffrey Darke entwarfen das Gebäude Charlottenstraße 4, Hans-Jürgen Frank, Peter Jakob und Josef Bluth die Häuser Charlottenstraße 20–24. Der Schellenturm (Weberstraße 72) aus dem Jahr 1564 gehört zu den wenigen Relikten der Stadtbefestigung.

Die Leonhardskirche (I D6), eines der wenigen Zeugnisse mittelalterlicher Baukunst in Stuttgart, behauptet sich in der Gegenwart. Der Chor der spätgotischen Kirche ist auf ein Parkhaus ausgerichtet, die Südfassade auf ein weiteres, und an der Nordseite tost der Verkehr einer mehrspurigen Stadtautobahn vorbei. Der Ursprungsbau, damals noch außerhalb der ersten Stadtmauer in der »Esslinger Vorstadt« gelegen und erstmals 1408 urkundlich erwähnt, stammt wohl von Hänslin Jörg. Aus dieser Zeit sind nur noch die unteren Geschosse des Turms und der Chor erhalten. Jörgs Sohn Aberlin baute 1463–70 die einschiffige Kirche zu einer dreischiffigen mit Netzgewölbe um. 1898 fügte Theophil Frey dem Bau zwischen Turm und Chor eine zweite Sakristei hinzu. 1944 wurde die Leonhardskirche schwer zerstört und 1948–50 von Rudolf Lempp und Gerhard Schneeweiß wiederaufgebaut. Dabei erhöhte man den Turm wegen höherer Bauten der Umgebung um ein Stockwerk. Das schlichte Äußere der Kirche mit Strebepfeilern, Maßwerkfenstern und hohem Satteldach ist erhalten geblieben, das Innere dagegen stark verändert. Nur noch das nördliche Seitenschiff unter einem Kreuzgratgewölbe mit Arkadenreihe und Empore ist erhalten. Mit der neuen Decke von Mittel- und südlichem Seitenschiff, einer schlichten Balkenkonstruktion, ist der Innenraum der Kirche nun asymmetrisch gestaltet. Der Chor mit seinem Netzgewölbe wurde originalgetreu rekonstruiert. Die Schnitzereien des Dominikanerchorgestühls auf der Südseite (1490–93), das aus der Hospitalkirche (s. S. 88) stammt, zeigen Bischöfe und Päpste, aber auch einen Teufel, Affen, Hunde und Fabelwesen. Im Chor ist ein Epitaph des Humanisten Johannes Reuchlin (1455–1522) angebracht, der zeitweise in Stuttgart gelebt hat und in der Leonhardskirche begraben wurde. Die Chorfenster hat Wolf-Dieter Kohlers 1957 mit biblischen Szenen ausgestaltet, die Glasmalereien der Rosette an der Hauptfassade entwarf Adolf Saile 1983. Zu sehen sind Kreuzigungsskulpturen aus drei Jahrhunderten: ein berührendes Kruzifix aus dem 17. Jh. hinter dem Choraltar, das große Holzkruzifix von Karl Hemmeter (1957) und die Kopie einer Kreuzigungsgruppe von Hans Seyfer aus dem Jahr 1501 im Freien vor dem Chor.

Gustav-Siegle-Haus (I D6): Gegenüber der Leonhardskirche wurde 1907–12 das Gustav-Siegle-Haus errichtet, als Veranstaltungsort für Musik, Kunst und Vorträge. Die Erben des Stuttgarter Farbenfabrikanten und nationalliberalen Reichstagsabgeordneten Gustav Siegle (1840–1905) gründeten nach dessen Tod die Gustav-Siegle-Stiftung. Sie engagierte sich für die Volksbildung und finanzierte das Gustav-Siegle-Haus. Die Einrichtung war als »Volkshaus« gedacht, aber nicht im Sinne der Arbeiterbildung, sondern als weltanschaulich neutrale Institution der Kulturpflege. Theodor Fischer entwarf einen rechteckigen Bau, dessen symmetrische Hauptfassade von einer Art Vorhalle mit sechs schlanken Säulen geprägt ist, hinter denen zwei Treppen zu einem Turm mit einem zierlichen Balkon führen. Vom Turm aus gelangt man in einen großen Saal. Die Erschließung des Obergeschosses durch eine zweiarmige Treppe erinnert an die Ruine des Neuen Lusthauses, das Dach des Turms ähnelt der Turmhaube der Stuttgarter Schlosskirche. Fischers Schüler Martin Elsaesser hat das Gebäude, das im

Krieg stark beschädigt wurde, 1953–54 in vereinfachender Form wiederaufgebaut und dabei auch verändert, etwa durch ein nicht ganz stimmig wirkendes Fensterband direkt unter dem Dach und einen Anbau, der heute einen Jazzclub birgt. Die sehenswerte Innengestaltung (2006) stammt vom Architekturbüro Bottega + Ehrhardt. Das Gustav-Siegle-Haus ist nach wie vor ein kultureller Veranstaltungsort. Die Stuttgarter Philharmoniker haben hier ihren Sitz und einen Probesaal. Im Erdgeschoss ist der Kunstbezirk untergebracht, eine nicht kommerzielle Galerie zur Künstlerförderung.

Hinter dem Gustav-Siegle-Haus erstreckt sich, anschließend an das Bohnenviertel, das **Leonhardsviertel**, zwischen Leonhardsplatz, Katharinenstraße, Wilhelmsplatz und Hauptstätter Straße . In den Gassen des Quartiers mit ähnlicher Verdichtung wie im Bohnenviertel finden sich Bauten vom Spätmittelalter bis zum Historismus. Das frühere Weingärtnerhaus in der **Weberstraße 2**, heute Sitz des Schwäbischen Heimatbundes, ist Anfang des 17. Jh.s erbaut worden. Eines der wenigen gut erhaltenen baulichen Zeugnisse des Barock in Stuttgart ist ein ehem. Handwerkerhaus in der **Leonhardstraße 1**. Schlusssteine zieren die Fenster, die Kartusche über der Haustür enthält die Jahreszahl des Hausbaus: 1769. Die **Leonhardstraße 5** ist ein Biedermeierhaus von 1830, drei Arbeiterhäuser – **Leonhardstraße 11 und 13** sowie **Weberstraße 9** – aus den Jahren 1904/04 stammen von Theodor Fischer.

Das **Heusteigviertel** grenzt unmittelbar an das Leonhardsviertel, umschlossen von Hauptstätter, Katharinen-, Olga-, Charlotten-, Alexander- und Weißenburgstraße (I D7). Das Quartier entstand ab 1850 und zeigt einen sehenswerten Bestand an Wohnbauten aus Gründerzeit, Spätklassizismus, Historismus und Jugendstil. Beispiele sind etwa die Häuser **Heusteigstraße 33** und **49**. Das **Eduard-Pfeiffer-Haus**, den **Alten Landtag** in der **Heusteigstraße 45**, errichteten Ludwig

Wittmann und Eduard Stahl 1888–90 als Wohnheim für ledige Arbeiter. 1947–61 tagten im zweistöckigen Festsaal die Landtage von Württemberg-Baden und Baden-Württemberg, 1953 wurde in dem prächtigen Neorenaissancebau die baden-württembergische Verfassung verabschiedet. Weitere Neorenaissancebauten sind die Häuser **Weißenburgstraße 19** und **Olgastraße 93**. Ein repräsentativer spätklassizistischer Bau steht in der **Sophienstraße 1 B**. Ein Kleinod ist der malerische Vorhof des spätklassizistischen Hauses **Schlosserstraße 11**.

♦ **Tagblatt-Turm** (I C6): Der 61 m hohe, 18-geschossige Bau ist ein markantes Zeugnis des Neuen Bauens in Stuttgart und prägt das Stadtbild am Rande der Altstadt durch entschlossene Modernität. 1927/28 von Ernst Otto Oßwald erbaut, war er das erste Stahlbetonhochhaus Deutschlands und das erste in Sichtbeton erbaute Hochhaus der Welt. Die Vertikalität von zwei hoch aufragenden, im oberen Bereich gestaffelten Baukörpern wird durch horizontale Fensterbänder, die um die Gebäudeecken laufen, kontrastiert. Balkone mit eleganten Geländern verleihen zwei Fassaden des Turms eine spannungsvolle Ausstrahlung. Nachts werden die Umrisse des prägnanten Bauwerks durch Lichtbänder entlang der Gebäudekanten betont. Der Turm im Internationalen Stil war ein eindrucksvolles Signal einer an der architektonischen Moderne orientierten Aufbruchsstimmung in Stuttgart. Er wurde für die Zeitung *Neues Tagblatt* errichtet und war nach dem Krieg Sitz der *Stuttgarter Zeitung*, die 1976 dann nach Stuttgart-Möhringen umzog. Heute befinden sich im Turm verschiedene städtische Einrichtungen. In 1930 stilistisch an den Turmbau angepassten Nachbargebäuden sind drei Theater untergebracht.

Der **Hans-im-Glück-Brunnen** (Geißstraße, I C6) von Josef Zeitler, 1909 eingeweiht, zeigt einen Bauernburschen mit einem vergoldeten Schwein zwischen den Beinen. In ein Gitter auf dem Brunnenrand sind Medaillons mit Szenen aus dem

Der Tagblatt-Turm kurz nach seiner Fertigstellung: das weltweit erste Hochhaus in Sichtbeton

Märchen vom Hans im Glück eingefügt. In der Umgebung des Brunnens wurden im Rahmen einer Altstadtsanierung 87 zum Teil mittelalterliche Gebäude abgerissen, 1906–09 entstanden dafür 36 Häuser, die eine romantisch-mittelalterliche Atmosphäre ausstrahlen sollten. Die Gesamtplanung dieses Projekts lag bei Karl Hengerer, der 1907–08 den Graf-Eberhard-Bau (Eberhardstraße 10–16) errichtete. Dieses städtische Verwaltungsgebäude zeigt mit Giebeln und Turm noch gestalterische Tradition, intoniert aber mit seiner klaren Fassade bereits Modernität.

Museum Hegel-Haus (I C6–D6): Hier wurde 1770 der Philosoph Georg Friedrich Wilhelm Hegel geboren. Die Fassade des im 16. Jh. errichteten Fachwerkbaus wurde 1769 im Zopfstil umgestaltet, einer Formensprache im Übergang vom Rokoko zum Klassizismus. Das Museum zeigt eine Dauerausstellung zu Leben, Werk und Wirkung Hegels.

Kaufhaus Eberhardstraße 28 (I C6): Hier stand eines der bedeutendsten Zeugnisse der Stuttgarter Stadtbaugeschichte, das 1926–28 errichtete Kaufhaus Schocken von Erich Mendelsohn. Mit seinem halbrunden gläsernen Treppenhaus war es ein Meisterwerk des Neuen Bauens. Nach dem Krieg drängte der Eigentümer auf Abriss, weil der Einbau von Rolltreppen nicht möglich und eine geänderte Verkehrsplanung vorgesehen war. Es gab heftige Proteste, sogar aus dem Ausland. Auch Max Bill, Walter Gropius und Mies van der Rohe setzten sich für den Erhalt des Kaufhauses ein. 1960 wurde es beseitigt. Ein Modell ist im Stuttgarter StadtPalais ausgestellt. 1960/61 baute Egon Eiermann einen schlichten Kubus und verkleidete ihn mit weißen erhabenen Keramikkacheln, auch »Eierkarton« oder »Hortenkachel« genannt. Viele westdeutsche Kaufhäuser trugen »Eiermannfassaden«. Den Kaufhausbetreibern boten die Bauten ein Höchstmaß an Stellfläche, auch wenn die Außenerscheinung jeweils keinerlei Bezug zur stadträumlichen Umgebung hatte. 1982 wurde die Fassade von Herbert Schmitt und Georg Kasimir mit einer Mixtur aus Glasflächen und Aluminiumkacheln, die den Eiermannschen ähneln, neugestaltet.

Das 1951/52 von Bodo Rasch entworfene **Deutsche Haus** (I C6) verbindet die Neue Sachlichkeit der 1920er Jahre mit der Architektursprache der Nachkriegszeit. Die beiden Flügel des Eckgebäudes Tübinger/Christophstraße mit fünfgeschossigen Rasterfassaden und tiefliegenden Fenstern sind an der Straßenecke nicht zusammengefügt, sondern durch einen zurückgesetzten, geschwungenen Gebäudeteil mit Fensterbändern unterbrochen, der die beiden Seitenfassaden um ein Geschoss überragt. So entsteht eine reizvolle Spannung zwischen den drei Baukörpern.

Das **Zürich-Vita-Haus** (I C6–B6) ist ein höchst innovatives Gebäude. An der lauten Kreuzung realisierte der Architekt Wilfried Beck-Erlang 1964–66 bei dem Bau die erste zweischalige Gebäudefront in Stuttgart: Vor die eigentlichen Fassade setzte er zum Zweck der Schall- und Wärmeisolierung eine Fassade aus rahmenlosen, schrägen Glasscheiben – sie verleihen dem Gebäude eine besondere Eleganz.

Der **Rotebühlbau** (I B6), zu seiner Entstehungszeit 1828–43 eine der größten deutschen Kasernen, war in seiner Monumentalität und Strenge eine Art Einschüchterungsbau, nämlich für 1800 Soldaten, die von hier aus zu drei Kriegen (1866, 1870 und 1914) ausrücken mussten. Die Dreiflügelanlage aus Werkstein, deren Flügel jeweils 150 m lang sind, wurde von Ludwig Gaab und Johann Caspar Vogel entworfen und hatte die größte Gebäudegrundfläche in Stuttgart. Das Erdgeschoss ist mit rundbogigen Fenstern, Türen und Durchgängen gestaltet. Es folgen drei Geschosse mit rechteckigen Fenstern, über einem Kranzgesims liegt ein flaches Satteldach. Flache Risalite gliedern die Fassaden der Seitenflügel, die insgesamt eine kunstlos-reduzierte Ausstrahlung haben. Luftangriffe beschädigten die Infanteriekaserne 1944 schwer. Der Hauptflügel wurde 1948–52 um drei Geschosse aufgestockt, sein Mittelrisalit erhielt eine moderne Rasterfassade. Die einstige Kaserne ist heute ein Behördenzentrum. Der Innenhof, einst Exerzierplatz, 1918 einer der Schauplätze der Revolution und später Aufmarschfläche der Nationalsozialisten, ist heute teils Park, teils Parkplatz. Im Hof ist die Plastik *8/73* aus Edelstahlrohren von Erich Hauser (1973) aufgestellt. An der Ecke Rotebühl-/Herzogstraße ragt ein zum Gedenken an das 7. Württembergische Infanterie-Regiment 1927 von Fritz von Graevenitz geschaffener Obelisk aus Muschelkalk empor.

In der oberen **Calwer Straße** wurden in den Siebzigerjahren historische Bauten saniert, rekonstruiert oder hinter der Originalfassade neu errichtet. Sehenswert sind ein Fachwerkhaus des 17. Jh.s (Nr. 40), ein Rokokogebäude (Nr. 45), ein spätbarocker Bau (Nr. 50) und ein Doppelhaus im Jugendstil

(Nr. 62 und 64). Parallel zur Calwer Straße entstanden 1974–78 die **Calwer Passage** (I C6) und daneben ein Büro- und Wohngebäude an der Theodor-Heuss-Straße. Die Einkaufspassage nimmt ein architektonisches Motiv des 19. Jh.s auf. Das gläserne Tonnendach und der edel wirkende Boden mit Intarsien verleihen ihr eine elegant-urbane Ausstrahlung. Das Nebengebäude wurde 2019 abgerissen. Die Fassaden des Neubaus (2022, Architekturbüro Tennigkeit + Fehrle; Fassaden: ingenhoven associates gmbh und Werner Sobek AG) sind vollständig begrünt.

Das ehem. **Bürohaus der Landesbank Baden-Württemberg** (II D4) am Bollwerk, einer früheren Befestigungsanlage, liegt auf dem höchsten Punkt der Innenstadt. Der 1993–97 verwirklichte Entwurf von Behnisch, Behnisch & Partner mit seinen dekonstruktivistischen Elementen ist für ein Bankgebäude ungewöhnlich. Die vollverglaste Hauptfassade des Komplexes mit vier unterschiedlichen langen Flügeln wirkt mit ihren Brüstungen in verschiedenen Farben heiter-verspielt. Spektakulär kragt ein kantig-schmaler Gebäudeteil über dem obersten Geschoss in die Fritz-Elsas-Straße hinein. Die teilweise gestaffelten Gebäudeflügel mit einer Höhe von sechs bis neun Geschossen umschließen einen Innenhof. Ein Teil des Untergeschosses wird von einem schrägen Glasdach überdeckelt, das sich in den Hof schiebt. Die lebhaft-offene Urbanität des Bankgebäudes unterstreichen ein Kino und ein Restaurant im Erdgeschoss mit einer ebenfalls schrägen, vollverglasten Fassade.

Die **Hospitalkirche** (I C5) ist eine der drei ältesten Kirchen Stuttgarts. Die dreischiffige Dominikanerkirche mit einem netzgewölbten Chor wurde 1471–93 von Aberlin Jörg anstelle einer 1468 erbauten Kapelle errichtet. In Verbindung mit der Kirche entstand 1473–1504 ein Dominikanerkloster. Nach dessen Aufhebung durch Herzog Ulrich im Zuge der Reformation zog 1536 ein städtisches Spital in die Räume ein, wovon sich die Bezeichnung »Hospitalkirche« ableitet. An das Kloster erinnert heute noch das spätmittelalterliche Chorgestühl, das nach dem Zweiten Weltkrieg allerdings in die Leonhardskirche (s. S. 81) versetzt wurde. 1730–38 erhielt die Hospitalkirche einen barocken Turm. Nach starken Kriegszerstörungen 1944 baute Rudolf Lempp, ein Vertreter der traditionalistischen Stuttgarter Schule, die Kirche 1951–60 wieder auf. Die ruinenhafte Südwand des Langhauses blieb stehen, den weitgehend erhaltenen Chor und das erste Langhausjoch verband Lempp mit einer schlichten Saalkirche in einer Art Heimatstil, die deutlich kleiner ist als der zerstörte Bau. Zum Norden hin erweiterte er den Chor um eine Empore. Die Glasfenster von 1962 stammen von Rudolf Yelin (Chor) und Wolf-Dieter Kohler (Südwand). Das Architekturbüro Lederer Ragnarsdóttir Oei sanierte die Kirche 2012–17. In diesem Zuge wurde die Westempore entfernt und die Westfassade erhielt vergrößerte Fenster und einen neuen Kircheneingang mit drei Glastüren. Die alten Bänke wurden durch helle Stühle ersetzt, ein neuer, beweglicher Altar und ein neuer Ambo sind sehr reduziert und leicht gestaltet. Insgesamt hat der Kirchenraum an Helligkeit und Klarheit gewonnen. Das bedeutendste Kunstwerk der Kirche ist die spätgotische Kreuzigungsgruppe im Chor (1501) von Hans Seyfer. Sechs vor dem Eingang gepflanzte Bäume nehmen Bezug auf Pfeiler des einstigen gotischen Kirchenschiffes. Vor der historischen Südwand steht das Reformationsdenkmal (1917) von Jakob Brüllmann mit Skulpturen der Reformatoren Johannes Brenz und Martin Luther, die den auferstandenen Christus flankieren.

Der **Hospitalhof** (Büchsenstraße 33, I C5), der sich an die Hospitalkirche anschließt, ist ein Verwaltungsgebäude der Evangelischen Kirche und ihr öffentliches Bildungszentrum, ein Ort für Tagungen, Seminare, Veranstaltungen und Kunstausstellungen. Ein Vorgängerbau wurde 2012–14 durch das Büro Lederer Ragnasdóttir Oei ersetzt. Zwei Spitzbogenfenster verlängern die freistehende Langhauswand der Kirche. Der Innenhof bildet einen Kreuzgang nach – der Hospitalhof steht an der Stelle des einstigen Dominikanerklosters. Die gelben Ziegelsteinfassaden präsentieren diverse Variationen von Fenstern: Runde Fenster werden von Betonhauben überwölbt (»Lichtaugen«), im Erdgeschoss sind zuckerhutähnliche Dreiecksfenster eingesetzt und weiter oben ragen Fensterüberdachungen aus der Fassade heraus. Ungewöhnlich gestaltet ist die wellenartig gekurvte Decke des Großen Saals im ersten Obergeschoss.

Das monumentale **Haus der Wirtschaft** (I C5), 1890–96 nach Entwürfen von August Hartel und Skjøld Neckelmann errichtet, ist ein herausragender Bau der historistischen Architektur Stuttgarts. Ein unregelmäßiges Trapez bildet den Grundriss, über dem sich ein dreigeschossiger neobarocker Bau mit drei Rundtürmen erhebt. Über einem Rustikasockel gliedern gekuppelte Kolossalsäulen zwischen hohen Rundbogenfenstern das Obergeschoss der Eingangsfassade. Zum reichen bauplastischen Schmuck gehören Maskenköpfe und Wappenschilde, die für diverse Gewerbe stehen, vom Zinngießer über den Instrumentenmacher bis zum Zimmermann. Einst war es das Landesgewerbemuseum, und es wurden Industrieprodukte – Maschinen, Werkzeuge, Erfindungen – präsentiert. Heute finden in dem pompösen Bau Ausstellungen, Fachmessen und Tagungen zu Wirtschaftsthemen statt. Das **Design Center Baden-Württemberg** hat seinen Sitz im Haus der Wirtschaft und bietet dort ein interessantes Ausstellungsprogramm.

Universität Stuttgart, Campus Stadtmitte (I C4/5): Nach dem Krieg wurde am Stadtgarten, wo sich bereits Universitätsbauten befanden, der Campus Stadtmitte der Stuttgarter Universität (seit 1967; davor 1887 Polytechnikum, 1890 Technische Hochschule) angelegt. Nur drei der im Krieg zerstörten

Universitätsgebäude wurden wiederhergestellt: ein Rest des 1879 von Alexander von Tritschler und Christian Friedrich von Leins entworfenen TH-Baus (heute **Rektorat** der Universität, Keplerstraße 7) sowie zwei naturwissenschaftliche Institute (1895, Entwurf: Karl von Sauter) und die Baugewerkschule von Joseph von Egle (1870). Letztere Bauten gehören heute zur **Hochschule für Technik**. Die prägendsten Bauten des Campus sind zwei Hochhäuser, die **Kollegiengebäude I und II**, kurz K I und K II genannt (Keplerstraße 11 und 17). K I beherbergt u. a. die Fakultät Architektur und Stadtplanung, K II die Historisch-Philosophische Fakultät und die Wirtschafts- und Sozialwissenschaften. Die 1956–60 und 1960–64 von Rolf Gutbier, Curt Siegel und Günter Wilhelm entworfenen Zwillingsbauten bestechen mit ihrer baulich auf ungewöhnliche Weise verklammerten Doppelfunktion. Zu den Nordseiten hin sind die Hörsäle und Seminarräume mit einer Raumhöhe von 3,80 m untergebracht, in den Südseiten liegen die 2,50 m hohen Institutsbüros. Dadurch hat jedes der Hochhäuser auf der Südseite zehn und auf der Nordseite 15 Geschosse. Innerhalb der Gebäude sind jeweils drei Büro- mit zwei Seminargeschossen verkoppelt; kurze Treppen im freien Raum verbinden die Stockwerke, wodurch ein luftiger Zwischenbereich entsteht. Fensterbänder und Sichtbetonbrüstungen geben den Fassaden eine klare Gliederung. Im Untergeschoss von K II befinden sich zwei große Tiefenhörsäle.

Fünf antikisierende Marmor- und Sandsteinfiguren aus den 1870er Jahren stehen aufgereiht in der Mitte des **Stadtgartens** (I C5). Locker in dem kleinen Park verteilt finden sich auch einige interessante skulpturale Arbeiten des 20. Jh.s. Die Skulptur *Kubus* (1977) von Hans Dieter Bohnet ist vor der Südfassade des Rektorats aufgestellt, etwas weiter entfernt die Stahlskulptur *Zwölf Kanten* aus demselben Jahr von Christoph Freimann. Vor der Hochschule für Technik stehen die *Stahlskulptur*

(2004) von Klaus Wagner und die rotlackierte Plastik *Der Schritt ins Freie* (1985) von Christa Roesner-Drenhaus. Selbstbewusst-sperrig greift die Messingskulptur *Aggression I* (1961) von Hans Uhlmann vor der **Universitätsbibliothek** in den freien Raum. Die Bibliothek, 1958–61 nach Entwürfen von Hans Volkart, Klaus-Jürgen Zabel und Ulrich Klauss erbaut, ist ein zweigeschossiges Gebäude, das mit seinen großen Glasflächen sehr offen wirkt. Vor der Fassade akzentuieren schlanke Sichtbetonstützen Vertikalität, ein Band aus Aluminium in der Dachzone betont die Horizontalität des Baus. Gegenüber steht seit 1962 das sog. **Hörsaalprovisorium** von Friedrich Wagner, das ursprünglich für einen Abbau und Wiederaufbau an anderer Stelle vorgesehen war, mit einer außergewöhnlichen Rohrkonstruktion des Daches.

Linden-Museum (II C4): 1882 wurde der »Württembergischen Verein für Handelsgeographie und Förderung deutscher Interessen im Ausland« gegründet, mit dem Ziel, neue Absatzmärkte außerhalb Europas zu erschließen. Er betrieb das Handelsgeographische Museum, das in der Städtischen Gewerbehalle Produkte aus Kolonien zeigte. Der Vereinsvorsitzende Karl Graf von Linden, Oberkammerherr des württembergischen Königs, verlagerte die wirtschaftliche Ausrichtung des Museums hin zu einer mehr völkerkundlichen Orientierung und initiierte einen von Georg Eser entworfenen Museumsbau. Das Museum eröffnete 1911. Linden ging es um die Bewahrung materieller Zeugnisse von Ethnien, die damals »Naturvölker« genannt wurden. Der Großteil der Museumsbestände wurde im Krieg ausgelagert, das Gebäude 1944 stark beschädigt und vereinfacht wiedererrichtet. Der monumentale Bau besteht aus gestaffelten Kuben, über die sich ein Turm mit Laterne erhebt. Ein flacher Gebäudeteil mit Eckpavillon liegt rechts neben dem repräsentativen Eingang, der von ionischen Säulen flankiert wird. Über der Tür wölbt sich ein Korbbogen, den zwei von Gustav Bredow geschaffene Figuren eines Menschen aus dem ehem. Deutsch-Neuguinea und einer Person afrikanischer Herkunft stützen. Die Fassade ist in schlichten neobarock-neoklassizistischen Formen gehalten. Seit 1973 tragen das Land Baden-Württemberg und die Stadt Stuttgart die nun **Staatliches Museum für Völkerkunde** genannte Sammlung mit Kunst und Alltagsobjekten aus Afrika, Amerika, Asien und Ozeanien. Das Museum zeigt die Vielfalt der Weltkulturen und bietet neben der Dauerausstellung regelmäßig Wechselausstellungen sowie diverse Veranstaltungen an. Das einzige völkerkundliche Landesmuseum Baden-Württembergs ist eines der größten ethnologischen Museen Europas.

Der **Hoppenlaufriedhof** (I B5) wurde 1626 angelegt. Seit 1880 finden auf ihm keine Beerdigungen mehr statt. Der israelitische Teil bestand 1834–82 als Begräbnisstätte. Heute ist der Friedhof ein kleiner Park, mit Grabdenkmälern des Barock und Klassizismus. Die schwäbischen Dichter Wilhelm Hauff, Christian Friedrich Daniel Schubart und Gustav Schwab liegen hier begraben. Sehenswert sind u. a. die Grabstätten des Stuttgarter Bildhauers Johann Heinrich Dannecker und seiner beiden Ehefrauen, die Grabmale für Christiane Friederike Spittler (von Dannecker), für Carolina Scheffauer (von Antonio Isopi) und für Caroline Friederike von Misani, das Philipp Jakob Scheffauer, der Ehemann von Carolina Scheffauer, schuf.

Die **Liederhalle** (I B5) ist ein beispielhaftes Zeugnis des Organischen Bauens und ein wegweisendes Gebäude der deutschen Nachkriegsarchitektur. Nach der Kriegszerstörung des Vorgängerbaus aus dem Jahr 1864 wurde 1955/56 der Neubau nach einem Entwurf von Adolf Abel und Rolf Gutbrod realisiert. Drei Säle sind um ein Foyer gruppiert, dessen Haupteingang unter einem hervorkragenden, dreieckigen Vordach liegt. Das Foyer ist zweigeschossig und wird durchzogen von elegant

Der Haupteingang der Liederhalle mit ihrem hervorkragenden, dreieckigen Vordach

geschwungenen Treppen. Es ist ein Raum von bestechender Leichtigkeit. Im Beethoven-Saal, dem größten Veranstaltungsraum auf dem Grundriss eines Konzertflügels, steigt die Empore in einem weiten Schwung vom Parkett zur gegenüberliegenden Seite des Raums an. Die Wände sind mit einer Teakholzvertäfelung, Sichtbeton und Mosaiken spannungsvoll gestaltet. Im fünfeckigen, mit Eichenholz vertäfelten Mozart-Saal sind die Sitzreihen fächerförmig angeordnet. Die wellenförmige Decke der Garderobe erinnert an die expressionistische Formensprache des Großen Schauspielhauses in Berlin von Hans Poelzig. Der rechteckige Silcher-Saal hat eine nüchterne Ausstrahlung. Der Gebäudekomplex, gemäß der Organischen Architektur asymmetrisch, frei und mit einer Akzentuierung des Plastischen gestaltet, brach radikal mit den Konventionen des Konzertsaalbaus und gab gestalterische Impulse für andere Konzerthallen. Wesentlich waren für Abel und Gutbrod die Akustik (die als hervorragend gilt) und die freie Sicht der Besucher, dazu eine Verschmelzung von Musik- und Raumerlebnis. Außen ist der Beethoven-Saal in reliefiertem Sichtbeton ausgeführt. In die Außenwand zur Holzgartenstraße hin sind fast 300 kleine Lichtöffnungen eingelassen. Quarzitplatten in unterschiedlichen Formen, Marmorstreifen und Mosaiksteine verleihen der Außenhaut des Mozart-Saals eine höchst dynamische abstrakte Struktur in diversen Farbtönen. Der Silcher-Saal ist mit Klinkerplatten verkleidet und bekommt durch eine gestaffelte Wand aus Glasbausteinen Tageslicht. Abel und Gutbrod war der »Kontrapunkt« wichtig, und es ist ihnen gelungen, drei ganz unterschiedliche Baukörper in ein Spannungsverhältnis zu setzen und sie dennoch zu einem architektonischen Gesamtkunstwerk zu vereinen. Zwölf Kunstwerke vor und an den Gebäuden sind mehr als »Kunst am Bau«, sondern sollten nach dem Willen der Architekten von Anfang an mit der Architektur in einem wechselseitigen Verhältnis der Verstärkung stehen. Der Maler, Bildhauer und Mosaizist Blasius Spreng gestaltete Außenfassaden und Innenwände. Von ihm stammt u. a. das Stabmosaik an der Außenwand rechts vom Restaurant der Liederhalle. Die Halbreliefs *Musikanten* von Alfred Lörcher (1957) sind am Foyer-Eingang an der Schlossstraße angebracht, wenige Meter daneben hängt das gusseiserne Relief *Durchbrochene Fläche* von Otto Herbert Hajek (1956). Die Aluminiumgussplastik *Lyra* von Hans Dieter Bohnet (1956) am Silcher-Saal ist von starker Präsenz. 1991 wurde die Liederhalle um einen polygonalen Bau von Wolfgang Hennig mit zwei Veranstaltungssälen ergänzt und ist seitdem Teil des **Kultur- und Kongresszentrums Liederhalle**. Zwischen diesem Gebäude und dem Silcher-Saal steht die Skulptur *Kinetisches Objekt* von Bernd Wilhelm Blank (2003); am Platz der Deutschen Einheit liegt die Bodenskulptur *Euroterra* aus Muschelkalk von Sabine Hoffmann (1993). Vor der Liederhalle, zwischen Seiden- und Silcherstraße, ist in einer Grünanlage die Bronzeskulptur *Sebastian* (1983) von Ernst-Reinhart Böhlig aufgestellt.

Bosch-Areal (I B5; zwischen Breitscheidstraße, Seidenstraße, Forststraße, Robert-Bosch-Platz): Der Komplex aus historischen Gebäuden der Firma Bosch und Neubauten bietet eine nahezu ein Jahrhundert umfassende architektonische Vielfalt. Die Betonfassaden der Gebäude Forststraße 7 (1909) und Seidenstraße 20 (1911) wurden mit Glasurklinkern verkleidet, die funktional gestalteten Häuser Breitscheidstraße 4, 6 und 8 (1910–12) von Carl Heim und Jacob Früh waren die ersten Sichtbetonbauten Württembergs. Die Bebauung der Ecke Seiden-/Rosenbergstraße (Hans Hertlein, 1933–35) mit ihrer schwungvollen Abrundung zeigt die Formgebung des Neuen Bauens. Das zehngeschossige, turmartige Gebäude Seiden-/Breitscheidstraße (2001) eine Ecke weiter erinnert an das 1960 trotz Protesten abgerissene Kaufhaus Schocken von Erich Mendelsohn aus dem Jahr 1928 (Eberhardstraße; s. S. 86). Das von Gassen durchzogene frühere Fabrikensemble wurde von den Architekten Roland Ostertag und Johannes Vornholt 1998–2001 saniert und ergänzt. Den Innenbereich des Areals überspannt ein elegant gewölbtes Glasdach des Ingenieurbüros Schlaich Bergermann Partner. Durch Restaurants, Clubs, das Stuttgarter Literaturhaus und ein Kino erfuhr das Areal eine neue Belebung.

Der Westen

Der Stuttgarter **Westen** ist nach Bad Cannstatt der zweitgrößte Bezirk der Stadt und ein beliebtes, urbanes Wohnquartier.

Schul- und Vereinsschwimmbad Stuttgart-West (I B5):

Das 2005 von Reichert Schulze Architekten entworfene Schwimmbad des Dillmann-Gymnasiums wird auch von weiteren Schulen und Vereinen genutzt. Der kompakte Kubus mit seinen großen Glasflächen besticht durch Eleganz und Leichtigkeit. Er ist mit Aluminiumschindeln verkleidet, die ähnlich wie eine bewegte Wasseroberfläche das Licht widerspiegeln.

Silberado (I B6): Hinter einer unauffälligen Fassade verbirgt sich eine 2008 nach Entwürfen von Sousan Tehrani und Elmar Flassak errichtete Wohnanlage aus drei sanierten Häusern der 1950er Jahre und drei Neubauten mit insgesamt 31 Wohnungen und zwei Gewerbebetrieben rund um einen Innenhof. Die kubischen, gestaffelten Hofgebäude bieten mit ihren Terrassen ein Bild reizvoller Verschachtelung. Verschiedene Werkstoffe und Farben unterstreichen die heiter-lebendige Vielfalt des Ensembles. Mit einer starken Wärmedämmung, einem Nahwärmenetz und einer Niederschläge sammelnden Zisterne ist die Anlage ökologisch vorbildlich.

Johanneskirche (I B6): Eine lange Achse durchschneidet den Stuttgarter Westen, die Hermann- und in ihrer Verlängerung die Johannesstraße. Genau an den Punkt des Übergangs von der kurzen Hermann- in die 1086 m lange Johannesstraße wurde städtebaulich sehr effektvoll die Johanneskirche gesetzt. Sie entstand 1865–76 nach Plänen von Christian Friedrich Leins. Ungewöhnlich ist ihre Lage auf einer Halbinsel in einem kleinen See, dem Feuersee. Die neogotische Kirche spiegelt sich im See, und so wird ein romantisches Arrangement in der Tradition Karl Friedrich Schinkels erreicht. Die Johanneskirche war die erste evangelische Bürgerkirche Stuttgarts nach der Reformation. Formal orientiert sie sich an der französischen Hochgotik und ist ein hervorragendes Beispiel der württembergischen Neogotik. Interessant ist der Innenraum, denn dort wird der katholische gotische Bautypus protestantisch umgeformt. In dem dreischiffigen Langhaus mit breitem Querhaus und Kapellenkranz ordnete Leins die Emporen um den Altarraum herum an und schuf so einen großen oktogonalen Zentralraum für den evangelischen Gottesdienst. Nach dem Zweiten Weltkrieg wurde das zerstörte Gewölbe durch flache Decken ersetzt.

Trotz Kriegszerstörungen sind im Stuttgarter Westen viele Gründerzeitbauten erhalten, so etwa in der **Augustenstraße** zwischen Hermann- und Hasenbergstraße (I B7). Das Haus **Hermannstraße 5** (1872) mit seiner reich geschmückten Werksteinfassade ist ein Beispiel großbürgerlicher Mietshausarchitektur. Sehenswerte historistische Wohnbauten, teilweise mit Jugendstilelementen versehen, finden sich rund um den **Bismarckplatz** (I A6), z. B. in der **Bismarck-**, **Elisabethen**-, **Paulus**- und **Gutbrodstraße**. Hoch aufragende Häuser mit großstädtischer Ausstrahlung stehen in der Bismarckstraße zwischen dem Bismarck- und dem Leipziger Platz. Das Haus **Paulusstraße 2A/2B** (1904) ist mit balkontragenden Elefantenfiguren effektvoll gestaltet. Die Schwabstraße zwischen Forststraße und **Hölderlinplatz** (I A5) bietet historistische Bauten von hoher Qualität. Einen mittelalterlich anmutenden burgartigen Eckturm weist das neoromanische Haus **Schwabstraße 84** auf. Das gestalterisch ungewöhnliche Eckhaus **Schwabstraße 106** (1914) zeigt mit seinen gleich gestalteten Obergeschossen, den Erkern mit einer Netzstruktur und schlichten Säulchen bereits Elemente einer neuen Sachlichkeit. Von nobler Urbanität sind die Fassaden der Häuser **Hölderlinplatz 2A–12**.

Die 1830 angelegte, für Stuttgart ungewöhnlich breite **Johannesstraße** (I A5/6–B6) ist der einzige gründerzeitliche Boulevard Stuttgarts. Von der Johanneskirche führt er als Allee mit breiten Bürgersteigen – in Stuttgart eher die Ausnahme – bis zum **Arbeitsgericht** (Nr. 86), einem repräsentativen neoklassizistischen Werksteinbau aus dem Jahr 1916 von Albert

Eitel. Trotz vieler Nachkriegsbauten und starker Beeinträchtigung durch großzügige Parkregelungen ist der weiträumig-urbane Charakter der Johannesstraße erhalten geblieben.

Vogelsangsiedlung (Bebel-, Botnanger, Chamisso-, Lenau-, Stirnbrandstraße; s. Übersichtskarte): 1934–39 entstand im Gewann »Vogelsang« des Stuttgarter Westens eine nationalsozialistische Mustersiedlung. Die Hauptvertreter der Stuttgarter Schule, Paul Bonatz und Paul Schmitthenner, waren künstlerische Berater, die Entwürfe stammten u. a. von Hans Volkart (Bebelstraße 117), Paul Heim (Chamissostraße 1 und 3), von dem Büro Eisenlohr und Pfennig (Chamissostraße 6 und 8), Karl Gonser (Stirnbrandstraße 3 und 5) sowie Albert und Hans Eitel (Botnanger Straße 6, 8, 10, 12 und 14). Sogar der Hauptvertreter des Neuen Bauens in Stuttgart, Richard Döcker, entwarf zwei Häuser (Stirnbrandstraße 8 und 10). Statt Vielfalt zeigt die Siedlung der nationalsozialistischen Gemeinschaftsideologie entsprechend ein homogenes Gesamtbild aus schlichten Häusern mit Putzfassaden, Satteldächern, Sprossenfenstern und Klappläden. Die Verknüpfung zweier Einfamilienhäuser als »Kettenhäuser« (verbunden durch einen Zwischentrakt) zeigt die Orientierung des Nationalsozialismus auf eine »Volksgemeinschaft« hin. Trotz Umbauten ist die Siedlung in ihrer ursprünglichen Gestaltung noch gut erkennbar.

Das **Schloss Solitude** (Solitude 1; s. Übersichtskarte) liegt ganz im Grünen, und das war auch der Plan des Herzogs Carl Eugen, als er sich 1763 auf einer Anhöhe westlich von Stuttgart ein Refugium schaffen wollte. Einige Monate zuvor hatte er im Siebenjährigen Krieg eine Niederlage erlitten. Im folgenden Jahr verklagte die württembergische Ständevertretung ihn, den prunksüchtigen und ausgabenfreudigen Herzog, u. a. wegen des aufwendigen Baus der Solitude bei der Wiener Reichshofkammer. Carl Eugen konterte mit einer Verlegung der Residenz von

Stuttgart zur Sommerresidenz Ludwigsburg; neues Sommerdomizil sollte Schloss Solitude werden. Der Herzog plante das Schloss selbst, gemeinsam mit dem Baumeister Johann Friedrich Weyhing. Ab 1767 übernahm Hofarchitekt Philippe de La Guêpière die Gestaltung des Pavillons des Hauptgebäudes und der Innenausstattung des Schlosses, eines Bauwerks mit Elementen des Spätbarock, des ausgehenden Rokoko und des frühen Klassizismus. Die Solitude, 1763–69 errichtet, erfüllte viele Funktionen. Zum einen bot sie dem Herzog einen Rückzugsort – das französische Wort *solitude* bedeutet *Einsamkeit*. Das Schloss verfügte über einen Jagdpark, war also auch ein Jagdschloss. 1770 gründete Carl Eugen auf der Solitude eine »Militärische Pflanzschule«, die 1773 zur Militärakademie wurde (ihr berühmtester Schüler war 1773–75 Friedrich Schiller, und sein Vater Johann Kaspar Schiller wurde 1775 Leiter der herzoglichen Hofgärten auf der Solitude). Nicht zuletzt war die Solitude ein Lustschloss. Um das Schloss herum war ein weiträumiger Park angelegt, eine Art Vergnügungsanlage für die Hofgesellschaft des 18. Jh.s mit diversen Bauten, dem Chinesischen Haus, dem Lorbeersaal, einem Theater, einer Reithalle mit Marstall, einer Orangerie und dem Großen Bassin, dessen Insel mit Gondeln angefahren wurde, einer evangelischen Kirche und gärtnerischen Anlagen: eine Residenz im Kleinen und damit auch eine Demonstration fürstlicher Macht. Carl Eugen ließ eine 13 km lange schnurgerade Straße von der Solitude nach Ludwigsburg anlegen, die nur er selbst und sein Hofstaat benutzen durften.

Zentrum der Gesamtanlage ist ein Gebäude mit einem von Arkaden durchbrochenen Sockelgeschoss, über dem sich zurückversetzt ein Mittelpavillon mit einer Kuppel und einem Belvedere erhebt. Zwei elegant geschwungene Treppen führen zu der Beletage hinauf, an deren Pavillon mit Kompositpilastern sich rechts und links jeweils ein Flügel mit toskanischen Pilastern anschließt. Die Südseite dieses Hauptbaus wird von einem langgestreckten, bogenförmigen Gebäude umschlossen, das in der Mitte unterbrochen ist und an dessen Enden sich jeweils ein Kopfbau befindet. Im Zentrum des Hauptgebäudes liegt der frühklassizistisch gestaltete ovale Weiße Saal mit korinthischen Zwillingssäulen und einem Deckenbild des Hofmalers Nicolas Guibal, das allegorisch den durch den Herzog bewirkten Wohlstand Württembergs visualisieren soll. Zu sehen sind außerdem kleinere, in Ornamentik und Farbigkeit delikat-raffiniert gestaltete Räume im Stil des ausgehenden Rokoko und des frühen Klassizismus. Der Herzog und seine Mätresse wohnten im Kopfbau des **Cavaliersbaus**, einem der beiden Nebengebäude des Schlosses, wo sich auch die frühklassizistische katholische Kapelle mit einem Deckenfresko der Auferstehung Christi von Guibal befindet. 1775 verlor Carl Eugen das Interesse an der Solitude, sein neuer Sommersitz wurde das Schloss Hohenheim. In der Folgezeit wurden die Bauten des Parks abgebrochen, die evangelische Kirche (als katholische Kirche St. Eberhard) und der Marstall in die Stuttgarter Königstraße transloziert. Erhalten sind Schloss und Nebentrakt sowie zwölf **Kavaliershäuschen**, ursprünglich Billardräume, Edelknabenwohnungen und Küchen, heute Wohnhäuser. Im **Officenbau**, dem zweiten Nebengebäude des Schlosses, ist die **Akademie Schloss Solitude** mit internationalen Stipendiaten aus den Bereichen bildende Kunst, Literatur und Musik untergebracht. Zwischen der Akademie und dem Schloss befindet sich die Bodenskulptur *Neumond* von Micha Ullman (1994); 29 Vertiefungen im Pflaster des Schlosshofes in einem Kreis von 15 m Durchmesser stehen für die Phasen des Mondzyklus.

Schwabtunnel (I A7; zwischen Schwab- und Schickhardtstraße): Der heute eng wirkende, 125 m lange Straßen- und Fußgängertunnel, 1896 von Karl Kölle erbaut und nach dem Dichter Gustav Schwab (1792–1850) benannt, war zu seiner Bauzeit mit einem Querschnitt von 10,5 m der breiteste Straßentunnel Europas, der erste deutsche Tunnel mit Autoverkehr und einer der ersten europäischen Straßenbahntunnel. Er wurde bis 1972 von einer Straßenbahn durchfahren und ist bis heute eine wichtige Verbindung zwischen dem Stuttgarter Westen und Süden. Die beiden Tunnelportale sind mit beidseitigen Treppenaufgängen repräsentativ gestaltet. Die Treppen sind auf Sandsteinarkaden gesetzt, deren Füllungen aus granitenem »Zyklopenmauerwerk« bestehen. Über dem Tunnelmund in Richtung Stuttgart-West befindet sich über einem Löwenkopf ein Balkon mit dem Stuttgarter Wappentier, einem springenden Pferd. Auf der Heslacher Seite sind, auch hier über einem Löwenkopf, zwei allegorische Figuren neben das Stuttgarter Stadtwappen gesetzt, die einen Bezug zu Stuttgart haben: Die Figur eines Handwerkers steht für den Gewerbefleiß der schwäbischen Hauptstadt, neben eine Frauenskulptur sind Weinreben drapiert. Alle bildhauerischen Schmuckelemente am Schwabtunnel hat der Stuttgarter Künstler Theodor Bausch (1849–1925) gestaltet.

Mietshausgruppe Schickhardtstraße (I A8, Nr. 43, 45, 47): Historistische Häuser in Stuttgart weisen immer wieder einzelne Jugendstilelemente auf, reine Jugendstilbauten gibt es in der Stadt kaum. Dazu gehört eine an einer Straßenbiegung gelegene Häusergruppe am Südportal des Schwabtunnels. Bewusst asymmetrisch haben die Architekten Emil und Paul Kärn die drei Häuser konzipiert (historistische Architektur bevorzugt eigentlich die Symmetrie). Die Sandsteinfassaden

Eines der reich verzierten Jugendstilhäuser in der Schickhardtstraße (Nr. 45)

kontrastieren reizvoll mit gelb verputzten Flächen und sind mit reicher und jugendstiltypisch floraler Ornamentik versehen. Schmuckelemente wie Schlangen, Schildkröten und Frauenbüsten sowie das mächtige Relief eines Wassermanns mit einem jugendstilhaft geschwungenen unendlich langen Bart über dem Eingang des Hauses Nr. 45 geben den lebendigen Fassaden einen erzählerisch-verspielten Charakter.

Die **Siedlung »Eiernest«** (Eier-, Schreiber-, Karl-Kloß-Straße, Zechweg; s. Übersichtskarte) ist ein Wohnidyll inmitten der Großstadt. 1926 errichtete das Stuttgarter Hochbauamt im Stadtteil Heslach, inspiriert von der Gartenstadtbewegung, die 1900 in England ihren Anfang nahm, 176 Häuser für städtische Bedienstete. Die schlichten Reihenhäuschen mit Satteldächern, hellen Putzfassaden, Klappläden und Gärtchen sind zwischen 60 und 74 m^2 groß und wiesen ursprünglich im Erdgeschoss zwei Zimmer, Küche und WC auf, und darüber weitere Zimmer und den Dachboden. In den 1920er Jahren wohnten in vielen der Häuser zehn- bis zwölfköpfige Familien.

♦ **Stadtbad Heslach** (I A8): Bei seiner Eröffnung 1929 war das Stadtbad im Stadtviertel Heslach mit einem 50-m-Becken (heute verändert) das größte und modernste Schwimmbad Deutschlands. Das viergeschossige Kopfgebäude ist ein Stahlbetonbau mit Klinkerfassade, Sprossenfenstern und Flachdach. Daran schließt sich die ebenso mit Klinkern verkleidete Schwimmhalle an, deren Konstruktion an ihrer Außenfassade erkennbar ist, denn diese ist durch scheibenförmige, aus dem Gebäude ragende Betonstrebepfeiler gegliedert, welche die Schubkräfte der neun parabelförmigen Stahlbetonbögen im Innern der Halle aufnehmen. Auf diese Bögen ist das Tonnendach der Halle aufgesetzt, und sie bilden mit ihrem souverän-eleganten Schwung einen spannungsvollen Kontrast zur nüchternen Rechteckigkeit des Schwimmbeckens. Licht erhält die Schwimmhalle durch horizontale Fenster, die in das gestufte Dach zwischen die parabolischen Bögen gesetzt sind. Brause-, Wannen- und Kurbäder hatten zur Bauzeit des Stadtbades auch eine soziale Funktion – und eine hygienische, denn im Arbeiterviertel Heslach hatten viele Wohnungen keine sanitären Einrichtungen. Das Stadtbad verbindet moderne Ästhetik mit avantgardistischer Konstruktionstechnik und ist ein hervorragendes Beispiel für das Neue Bauen in Stuttgart. Auch wer kein Badegast ist, kann im Innern des Gebäudes durch eine Glaswand in die ausdrucksstarke Schwimmhalle hineinsehen.

Städtisches Lapidarium (I B7): Eine innerstädtische Oase der besonderen Art ist der kleine Park, den Carl von Ostertag-Siegle 1905 nach dem Vorbild italienischer Renaissancegärten anlegte, mit Terrassen, einem Brunnenhof und einer Wandelhalle, in der er Fragmente römischer Antiken anbringen ließ. 1950 kaufte die Stadt die Anlage und stellte darin über 200 Skulpturen und Architekturteile aus zerstörten oder abgerissenen Stuttgarter Bauten auf. Dazu zählen ein Portalfragment des Alten Steinhauses, eines der ältesten Häuser Stuttgarts (um 1286), eine Jaspis-Schale (1858) aus dem Besitz der Königin Olga von Württemberg und eine Kopie der *Wasser- und Wiesennymphe* (1808) von Johann Heinrich Dannecker.

Das **Lehenviertel**, das hinter dem **Marienplatz** beginnt (I B8), ist ein weitgehend erhaltenes Gründerzeitquartier, das von Hauptstätter und Weißenburgstraße, Neuer Weinsteige, Zellerstraße, Alter Weinsteige und Böheimstraße umgrenzt wird. Der **Alte Zahnradbahnhof** in der Filderstraße 47, 1907 von André Lambert und Georg Stahl errichtet, vereint neobarocke Formen mit dem eleganten Jugendstilschwung seiner Fassade. Der Talbahnhof der Zahnradbahn, die nach Degerloch hinaufführt, wurde 1939 an den Marienplatz verlegt. Das ehem. Bahnhofsgebäude beherbergt heute ein Theater; in dessen Foyer wird noch heute die Zahnradbahn über Nacht abgestellt. In der **Liststraße** und ihren Nebenstraßen finden sich zahlreiche Bauten des Historismus und des Jugendstils, etwa die Häuser **Nr. 17**, **30** und **36**. Weitere Beispiele sind die Gebäude **Cottastraße 45–58** und **Mittelstraße 14**. Die Gebäude **Mozartstraße 40–44** sind drei Jugendstilhäuser; die Fassade des sog. **Mozarthauses** (Nr. 36 A und B) schmücken eine Mozartbüste und eine gemalte Ansicht von Salzburg. Ein prächtiges Neorenaissance-Haus steht in der **Olgastraße 108**.

Schickhardt-Gemeinschaftsschule (Außenstelle Heusteig), ehem. Heusteigschule (I C8): Das 1905–96 erbaute, konzeptionell neuartige Schulgebäude war zugleich ein städtebauliches Projekt. Der Architekt Theodor Fischer setzte es bewusst als beherrschenden Bau in eine planlose Ansammlung von Häusern. Das machtvolle Gebäude ist symmetrisch in ei-

Großartige Inszenierung: Treppenhaus der ehem. Heusteigschule

nen Mittelteil und zwei turmartige Eckbauten gegliedert, auf deren Walmdächern jeweils kupferne Laternen aufgesetzt sind. Sprossenfenster mit teilweise ungewöhnlichen Umrissen verleihen dem Putzbau interessante Akzente. Das Gebäude hatte als Schulbau innovative Qualitäten, denn es war funktional und schülergerecht angelegt. Statt eines klassischen repräsentativen Zugangs empfängt ein Brunnenhof mit einer arkadengesäumten Wandelhalle die Schülerinnen und Schüler. Ihnen werden zudem viele Aufenthaltsflächen außerhalb und innerhalb ihrer Schule angeboten. Neuartig war auch die Farbgestaltung im Inneren des Gebäudes durch Fischers Mitarbeiter Bruno Taut. Weiß, Rot, Grün und Violett schaffen eine warme, beinahe wohnliche Atmosphäre. Viele eindrucksvolle Details wie Geländer, Türen, Wandvertäfelungen und Stuckdecken sind erhalten – die Innenräume wurden 1989–91 sorgfältig restauriert. Die Heusteigschule wurde oft kopiert und zitiert und zählt zu den bedeutenden Schulbauten des 20. Jh.s.

Die evangelische **Markuskirche** (I C8) von Heinrich Dolmetsch war eine der ersten Sakralbauten in Stahlbeton und enthält Elemente des sog. »Neuen Stils«, also des Jugendstils. Dadurch kommt dem Bau eine Schlüsselstellung innerhalb des Kirchenbaus des 20. Jh.s zu. Neu und ungewöhnlich war zur Bauzeit die Platzierung der Kirche in Abkehr vom Historismus schräg zur Straße. Dolmetsch schuf 1906–08 ein Bauwerk mit historistischen Elementen, doch zugleich wagte er mit dem Jugendstil Neues. Neoromanisch sind die Säulen am Hauptportal und die Rundbogenfenster gestaltet, Jugendstil zeigt sich an der Portaleinfassung und am Christuskopf darüber, an den Treppengeländern, Lampen und Türbeschlägen. Die Stahlbetonkonstruktion verbergend, präsentiert sich die malerische Kirche als Putzbau mit einem tief heruntergezogenen Mansarddach. Pilaster, Portal sowie Tür- und Fenstereinfassungen sind aus behauenem Sandstein gefertigt. Auf dem First des

Langhauses steht ein goldener geflügelter Löwe als Symbol des Evangelisten Markus. Der kampanileartige Turm beginnt quadratisch, wird oktogonal und dann weiter oben gerundet weitergeführt und endet in einem barockisierenden geschweiften Helm mit Laterne. Der Innenraum der Markuskirche besteht aus einem Mittelschiff mit kassettiertem Tonnengewölbe und sehr schmalen Seitenschiffen. Relieffriese von Friedrich Keller zeigen Szenen aus dem Markusevangelium. Hinter dem Altar erhebt sich ein lebensgroßes steinernes Kruzifix von Hermann Lang; dahinter, im Chor, ist der in Stein gefasste Orgelprospekt eingebaut. Der ungewöhnliche Standort entspricht der damaligen protestantischen Reformbewegung, welche die Orgel »im Angesicht der Gemeinde« positionieren und damit der Kirchenmusik verstärkte Bedeutung verleihen wollte. Am 17. Oktober 1945 erlangte die Markuskirche (kirchen)geschichtliche Bedeutung: Eine Predigt des Pastors und ehemaligen KZ-Häftlings Martin Niemöller wirkte als wichtiger Impuls für das zwei Tage später formulierte »Stuttgarter Schuldbekenntnis«, die Mitschuld evangelischer Christen an den nationalsozialistischen Verbrechen betreffend.

Ganz in der Nähe der Markuskirche, in der **Immenhofer Straße 40** (I C8), wurde im Jahr 2009 ein historistisches Haus mit Architektur des 21. Jh.s kombiniert: Wie ein kantiges Ufo sitzt eine Dachaufstockung auf dem Gründerzeithaus. Das Penthouse mit zwei 98 m² großen Maisonette-Wohnungen ist eine Stahl-Holz-Konstruktion. Das Tragwerk der Dachaufstockung besteht aus Stahlträgern. Eine blendend weiße, im Querschnitt S-förmige Schale aus Leimholzsparren ist so gefaltet, dass sie Wände, Decke und ein horizontales Dach bildet. Der Reiz des höchst ungewöhnlichen Dachaufbaus von Florian Danner besteht darin, dass er das Penthouse nicht an den historistischen Altbau »angepasst«, sondern es als bewussten Kontrast zu dem Gründerzeithaus gestaltet hat.

Das **Teehaus** im **Weißenburgpark** (I D8) gehörte zu der klassizistischen Villa Weißenburg aus dem Jahr 1843, die 1964 abgerissen wurde. Den neoklassizistischen ovalen Bau mit einem Säulenumgang und einer Kuppel erbaute Heinrich Henes 1912/13, Julius Mössel malte ihn mit rokokesken Szenen aus. Unterhalb des Teepavillons, der heute eine Gaststätte ist, wurde – ebenfalls 1912/13 von Henes – der **Marmorsaal** in den Hügel hineingebaut. Die Front präsentiert sich mit fünf von kannelierten Pilastern flankierten Rundbogenportalen. Das prächtige Innere des Saals im Stil eines antiken Brunnenhauses schmückte Mössel mit Groteskmalereien. Der Marmorsaal wird für Veranstaltungen genutzt. Über dem Saal liegt ein früherer Tennisplatz mit einer originalen, verspielten Umzäunung. Beim Teehaus bietet eine Aussichtsplattform einen fulminanten Blick auf Stuttgart.

Der **Fernsehturm** (s. Übersichtskarte) auf dem Hohen Bopser war bei seiner Eröffnung 1956 höchst innovativ, technisch wie ästhetisch, als weltweit erster Fernsehturm aus Stahlbeton und mit seiner überaus eleganten Form, hinter der die Funktion fast verschwindet. Der Turmschaft hat am Boden einen Durchmesser von 11 m und verjüngt sich mit einer leichten parabolischen Schwingung bis zu einem Durchmesser von 5 m. Das Kegelschalen-Rundfundament von 27 m Durchmesser befindet sich vollständig unter der Erde. Auf 150 m Höhe ist ein zylindrischer Korb mit einer Vorhangfassade aus silbrig glänzendem Aluminium angebracht, der sich nach unten verjüngt, was den Eindruck der Leichtigkeit des Gesamtbaus verstärkt. Die dunklen Fensterreihen der vier Geschosse des Turmkorbes bieten einen prägnanten horizontalen Kontrast zu dem hoch aufragenden Schaft. Im Korb sind ein Café, ein Veranstaltungsraum und Sendetechnik untergebracht. Auf dem Dach bieten zwei Aussichtsplattformen auf 150 und 153 m Höhe einen Blick auf die Stadt. Darüber erhebt sich der rot-weiße

Stahlgittermast der Sendeantenne bis zur Gesamthöhe des Turms von 217 m. Mit den raffiniert ausbalancierten Proportionen von Schaft, Korb und Mast ist den Architekten Fritz Leonhardt und Erwin Heinle ein Meisterwerk gelungen. Zur Bauzeit stieß der Turm in der Öffentlichkeit auf Kritik, doch er wurde rasch zum Wahrzeichen Stuttgarts und ist Vorbild vieler Beton-Sendetürme in der ganzen Welt.

Schloss Hohenheim ließ Herzog Carl Eugen 1785–93 von Reinhard Ferdinand Heinrich Fischer für seine zweite Gattin Franziska von Hohenheim errichten. Die monumentale Anlage mit drei Innenhöfen ist barock, der Hauptbau mit Mittelrisalit und Kuppel klassizistisch geprägt. Seit 1967 werden die Räume des Schlosses von der Universität Hohenheim genutzt, die auf die 1818 gegründete Landwirtschaftliche Unterrichts-, Versuchs- und Musteranstalt zurückgeht. Die weiträumigen Gartenanlagen bieten einen Botanischen Garten mit etwa 2000 Pflanzenarten, der 1829 angelegt wurde. Heute gliedert er sich in den Schlosspark und ein Gelände, das Vegetationsgeschichte zeigt. Das sich anschließende Landesarboretum Baden-Württemberg mit über 2400 Gehölzarten besteht teils aus dem Exotischen Garten, der im 18. Jh. als »Englisches Dörfle« mit fast hundert Bauten zur Unterhaltung der höfischen Gesellschaft angelegt wurde. Nur ein Spielhaus (heute Museum zur Geschichte Hohenheims), das »Wirtshaus zur Stadt Rom« und Jupitersäulen sind erhalten geblieben. Hinzukam in den 1990er Jahren der architektonisch gestaltete Landschaftsgarten.

Messe Stuttgart (Messepiazza 1): Von 1940 bis 2007 lag das Messegelände beim Höhenpark Killesberg. 2004–07 erbaute das Büro Wulf Architekten die neue Messe nahe dem Stuttgarter Flughafen. Sie besteht aus einem Kongresszentrum und neun Hallen, die von dynamisch geschwungenen Hängedächern überspannt werden. Zwei schlank-elegante, die Autobahn überbrückende Parkhausbauten mit zickzackhaften Fassadenelementen bieten dem fahrenden Publikum auf der A8 den Anblick ungewöhnlicher Architektur.

Universität Stuttgart, Campus Vaihingen (s. Übersichtskarte): 70 % der Gebäude der Technischen Hochschule in der Innenstadt wurden im Krieg zerstört. Für die technischen und naturwissenschaftlichen Fächer wurde dann ab 1956 im Stadtbezirk Vaihingen ein zweiter Universitätsstandort aufgebaut. Er bietet einen architektonisch interessanten Baubestand:

Mensa (Pfaffenwaldring 45): Geplant war vom Berner Architekturbüro »Atelier 5« nicht nur eine Mensa, sondern auch ein Ort der Begegnung für die Studierenden. Der fünfgeschossige Bau wurde 1973–76 errichtet: ein roh belassenes, verglastes Betonskelett. Das Raster der filigranen Stützen – 3,20 auf 3,20 m – wurde vom Platzbedarf eines Esstisches mit zehn Plätzen abgeleitet. Damit wollte man trotz über 1000 Sitzplätzen die Atmosphäre eines riesigen Saals vermeiden und stattdessen Kleinteiligkeit und eine Art Privatsphäre erreichen. Belichtet wird das Gebäude durch die vollverglaste Fassade und Deckendurchbrüche, die auch in die unteren Etagen Licht gelangen lassen. Neben der eigentlichen Mensa gibt es im Gebäude ein Wahlessen-Restaurant, eine Cafeteria und Lernräume.

Das **Internationale Zentrum der Universität Stuttgart** (Pfaffenwaldring 60), 2003–05 errichtet, ist mit seiner eleganten Horizontalität Architektur, die auffällt. Entworfen wurde der langgestreckte, geradezu rasant wirkende Bau von Helmut Dasch, Kay von Scholley und Joachim Zürn. Ein Band aus Sichtbeton ist mehrfach zu Decken und Wänden gefaltet, die drei spannungsvoll verschobene Glasgeschosse umschließen. Das Internationale Zentrum koordiniert die Beratung, Programme und Veranstaltungen für ausländische Studierende und Wissenschaftler an der Universität Stuttgart und für eigene Studierende, die ein Auslandssemester anstreben. Die offene, transparente Ausstrahlung des Gebäudes akzentuiert die internationale Ausrichtung der Universität Stuttgart.

Ehem. Hysolar-Forschungsinstitut (Allmandring 19): Eines der eigenwilligsten Gebäude Stuttgarts ist das 1987 nach einem Entwurf von Günter Behnisch und Frank Stepper errichtete damalige Hysolar-Forschungsinstitut. Es diente der Erforschung der Nutzung von Anlagen zur Wasserstoffproduktion mit solarer Energieversorgung im Rahmen des deutsch-saudi-arabischen Gemeinschaftsprogramms HYSOLAR. Zwei Reihen zweigeschossig aufeinandergestapelter Metallcontainer stehen in einem spitzen Winkel zueinander und bilden einen dreieckigen Innenraum mit einer Dachkonstruktion aus Glas und Stahl. Alle Bauelemente sind sichtbar. Ein schlankes rotes Stahlrohr stößt von außen in das Gebäude hinein, läuft hindurch und durchbricht die gegenüberliegende Glasfassade, um es mit weitem Schwung zu verlassen; in der das Gebäude umgebenden Wiese wird das Rohr verankert. Mit Schrägen und Brechungen stemmt sich das Gebäude heiter und verspielt gegen die Normen von Symmetrie und Rechtwinkligkeit. Das passte perfekt zur Funktion des Gebäudes, in dem experimentiert wurde, und zum Forschungsgegenstand, der zukunftsorientierten Solartechnik. Heute ist hier das **Visualisierungsinstitut der Universität Stuttgart** untergebracht. Das außergewöhnliche Bauwerk ist ein eindrucksvolles Beispiel für dekonstruktivistische Architektur und wurde 2019 als erstes baden-württembergisches Universitätsgebäude der 1980er Jahre unter Denkmalschutz gestellt.

Zentrum für Virtuelles Engineering (Nobelstraße 12): Das Forschungsgebäude des Fraunhofer-Instituts wurde 2012 eröffnet. Die Forschungen hier drehen sich um die Entwicklung von Virtual-Reality-Technologien sowie Arbeits- und Bürokonzepte. Das turmartige Hauptgebäude mit seiner organischen Form erinnert an den berühmten Einstein-Turm Erich

Mendelsohns in Potsdam. Der niederländische Architekt Ben van Berkel und sein Büro UNStudio, die auch das Mercedes-Benz Museum gestaltet haben, verbanden den viergeschossigen Turm mittels schwungvoller Fassadenbänder mit einem zweigeschossig-horizontalen Bauteil. Fensterbänder mit schräggestellten, farbig gefassten Elementen durchbrechen die weiße Fassade. Mit der organischen Anmutung des Äußeren korrespondiert eine Dynamik des Instituts im Inneren, in dessen Foyer sich Treppen mit souveräner Eleganz nach oben schwingen.

Institut für Leichtbau Entwerfen und Konstruieren (Pfaffenwaldring 14): Das Gebäude wurde für die Weltausstellung Expo 1967 von Frei Otto und Rolf Gutbrod als Versuchsbau entworfen und später an den jetzigen Standort transloziert, sowie durch einen Werkstatt-Trakt erweitert. Das nach oben spitz zulaufende Zeltdach verleiht ihm eine eigenartige, geradezu exotische Prägung. Das Dach ist eine Netzkonstruktion aus verzinkten Stahlseilen, die von einem leicht schiefen, 17 m hohen Stahlmast abgespannt ist. Die Ränder des Netzes sind außerhalb des Gebäudes an zwölf Punkten im Boden verankert. Außen ist das Dach mit Faserzementschindeln gedeckt, innen holzverschalt. Licht gelangt durch eine durchsichtige, tropfenförmige Acrylglasfläche und eine umlaufende gläserne Zone unterhalb des Daches in das Gebäude. Unterschiedliche Ebenen gliedern den wandlosen Innenraum. Frei Ottos Konstruktionsprinzipien leichter Flächentragwerke war in den 1960er Jahren höchst innovativ. Ähnliche Zeltkonstruktionen wie die des Stuttgarter Instituts finden sich bei den berühmten Dächern der Münchner Olympiabauten (1972) und bei der Mannheimer Multihalle (1975) – Otto war an der Planung beider Bauten beteiligt.

Der Norden: vom Europaviertel über die Weißenhofsiedlung nach Zuffenhausen

Der Hauptsitz der **Landesbank Baden-Württemberg** (II D4) entstand nach Plänen des Büros AP Plan (Brunnert, Mory, Osterwalder, Vielmo) 1990–96 auf dem früheren Gelände des Stuttgarter Güterbahnhofs neben dem Nordflügel des Hauptbahnhofs. Der gewaltige Bau wirkt trotz seiner konkaven Fassade überdimensioniert und abweisend. 2002–04 erweiterte die Landesbank ihren Hauptsitz um weitere Bauten, die das Büro Wöhr Mieslinger Architekten entwickelte. Zwei siebengeschossige Gebäude (Am Hauptbahnhof 8 und 11) sind durch ein gemeinsames, teilweise verglastes Dach miteinander verbunden. Ein 60 m hoher Turm mit Sockel (Heilbronner Straße 28) zeigt mit einem extrem spitzen Winkel zur Heilbronner Straße. An der Ecke Am Hauptbahnhof / Heilbronner Straße steht die in Form und Farbigkeit kraftvolle Skulptur *Wegzeichen 1* (1998/99) von Otto Herbert Hajek.

Zum Europaviertel s. S. 117.

Das **Postdörfle** auf der anderen Seite der Heilbronner Straße (II D3) wurde als erste größere geschlossene Arbeitersiedlung in Stuttgart 1868–72 von Georg Morlock errichtet. Sie bot preisgünstigen Wohnraum für Post- und Bahnbedienstete. Die 37 Häuser mit 201 Wohnungen für rund 1000 Bewohner wurden auf einen terrassierten Hang gebaut und um vorbildliche Gemeinschaftseinrichtungen wie Kantine, Wasch- und Badeanstalt mit Schwimmbecken, Laden und Kinderkrippe ergänzt. Jede Wohnung verfügte über eine eigene Gartenparzelle. Im Zweiten Weltkrieg wurde die Siedlung größtenteils zerstört; in den 1950er Jahren wurde sie verändert wiedererrichtet. 2004–08 bauten Harald Schreiber und Christoph Mäckler die erhaltenen Gemeinschaftshäuser an der Heilbronner Stra-

Das Bürogebäude Z-UP mit seiner kühn-kurvigen Fassade

ße unter Beibehaltung der Neorenaissance-Fassaden zum **Arcotel Camino** um. Dabei wurden die vier ursprünglichen Giebel an der Straßenseite wiederhergestellt. Zwischen die beiden bestehenden Gebäude setzten die Architekten den Eingangsbereich, der mit drei Giebeln Tradition anklingen lässt, aber mit drei über zwei Geschosse laufenden, ungewöhnlich geformten Fenstern Modernität akzentuiert.

Das **Z-UP** (II D3) setzt gegen die orthogonale 70er-Jahre-Strenge des benachbarten GENO-Hauses eine kühn-kurvige Außenhaut und fällt so schon beim Vorüberfahren durch eine unkonventionelle Gestaltung auf. Das 2006–09 erbaute Bürohaus von Wolfgang Kergaßner läuft den Hang hinauf und überwindet dabei 10 m Höhenunterschied. »Z« verweist auf die Form des Grundrisses, »UP« auf die Hanglage. Breite weiße Bänder rahmen die Fenster in unterschiedlicher Anzahl, mit den Seiten rechtwinklig oder schräg zu diesen stehend. Die spannungsvolle Gliederung der Fassade und der kurvige Aufbau verleihen dem Gebäude eine schwungvoll-dynamische Ausstrahlung.

Das **GENO-Haus** (II D3), Sitz des Baden-Württembergischen Genossenschaftsverbandes und der Deutschen-Zentral-Genossenschaftsbank, wurde 1969–72 nach Plänen von Hans Kammerer und Walter Belz erbaut. Über einem mächtigen, mehrgeschossigen Sockel erhebt sich ein Hochhaus von T-förmigem Grundriss; es ruht auf Betonkonstruktionen, über die es hinausragt. So haben die drei achtgeschossigen, massiven Baukörper etwas nahezu Schwebendes, ein Eindruck, der noch durch die Sonnenschutzverglasung der Fassaden mit Wartungsstegen hinter gläsernen Brüstungsbändern verstärkt wird.

Die 1906–08 erbaute **Erlöserkirche** (II C3–D3) von Theodor Fischer in der Birkenwaldstraße wurde nach ihrer Errichtung »Kirche am Weinberg« genannt, denn sie fügt sich in den hinter ihrem Turm ansteigenden Hang ein. Mit ihren dunklen

Tuffsteinmauern wirkt sie burghaft-trutzig. Turm, Langhaus, Chor (unter der Chorapsis, die der Straße zugewandt ist, liegt noch ein Saal mit Nebenräumen), Sakristei und ein Treppentürmchen bilden einen skulpturalen Baukörper, der nicht mehr historistisch ist, sondern eine ganz eigenständige, kraftvoll-archaische Ausstrahlung hat. Den Weinberg gibt es nicht mehr, doch der Vorplatz der Kirche mit einem Baum wirkt geradezu ländlich-pittoresk. Neben dem Baum steht die Bronzeskulptur *Der Barmherzige Samariter* (1957) von Ulrich Henn. Eine Säule mit Reliefs betender Frauenfiguren von Jakob Brüllmann trägt das ziegelgedeckte Vordach des Eingangs. Über dem Portal ist das Wandbild *Jüngstes Gericht* (1958) von Rudolf Yelin dem Jüngeren angebracht. Der Turm, den Figuren der vier Evangelisten von Jakob Brüllmann schmücken, ist mit seinen beiden unteren Geschossen in das Kirchenschiff einbezogen. Nach Kriegsbeschädigungen wurde die Erlöserkirche 1950–54 durch Rudolf Lempp wiederaufgebaut. Der schlichte, klare Innenraum mit flacher Holzdecke entspricht protestantischen Vorstellungen. Die Emporen liegen hinter Arkaden mit konvexen »Fischer-Bögen«, die an den Seiten von einem konkaven Schlenker unterbrochen werden. Das Rund der Apsis beleben fünf farbige Fenster von Adolf Saile aus dem Jahr 1958.

In den 1990er Jahren wurde auf dem Gelände hinter der Landesbank Baden-Württemberg zwischen Kurt-Georg-Kiesinger-Platz, Heilbronner Straße, Wolframstraße und Hauptbahnhof das **Europaviertel** geplant. Mit Büro-, Hotel-, Wohn- und Geschäftsbauten sowie der neuen Stadtbibliothek sollte ein vielfältig-lebendiges Viertel entstehen, ein Anspruch, der bisher kaum eingelöst wurde.

Stadtbibliothek (II D3): Der 40 m hohe Kubus mit 44 m langen Seiten ragt in dem Konglomerat der Bauten des Europaviertels wie ein Monolith empor. Die Fassade des eigenwilligen, 2008–11 errichteten Baus des Südkoreaners Eun Young Yi ◆

Stadtbibliothek: Die eigentliche Bibliothek erstreckt sich über die fünf oberen Stockwerke. Unter dem Quadrat in der Mitte im Boden liegt der leere »Würfel«.

ist von strenger Klarheit: In jeweils 9 × 9 quadratische Felder eines Sichtbetonrasters sind Glasbausteine eingelassen. Dahinter liegt eine zweite, verglaste Fassade. Nachts leuchten die Fassadenfelder in Weiß und Blau und lassen die Bibliothek wie ein gewaltiges Lichtkunstwerk erscheinen. So ungewöhnlich wie das Äußere ist auch das Innere. Eun Young Yi beschreibt sein Gebäude als eine Zwiebel mit einer »äußeren Hülle«, unter der sich eine »transparente, leichte Glashülle« verberge: »Und im tiefsten Inneren begegnet man einem negativen Monolithen« – der Architekt meint damit einen in Stuttgart einzigartigen, vollständig leeren Raum von 14 m Breite, Länge und Höhe, der sich über vier Geschosse erstreckt. Licht erhält dieser »Würfel« wie das Pantheon in Rom durch eine Öffnung in der Decke, in die Mitte des Bodens ist ein kleines Wasserbecken eingelassen. Zu erleben ist hier reiner Raum, schöne Leere, die gegen die Fülle der Urbanität gesetzt ist, für Eun Young Yi das »Herz« des Gebäudes, ein »Ort der inneren Einkehr«. Der zentrale Raum der Bibliothek darüber erstreckt sich wie ein gewaltiges, luftiges Atrium über die fünf oberen Stockwerke. Freitreppen führen zu den mit Büchern bestückten Galerien. Vor der Nordfassade des Gebäudes steht die Bronzeskulptur *Sitzender, lesend* von Fritz Nuss (1965).

Cloud No. 7 (II D2/3): Wie ein Kopfbau des (von der Vorderseite aus gesehen) dahinterliegenden Europaviertels ragt der Wohn- und Hotelturm mit seinen 18 Stockwerken in die Höhe. Grüntuch Ernst Architekten gewannen 2008 den ersten Preis für den Entwurf, das Büro tec architecture entwickelte ihn weiter und gestaltete die auffällige Fassade. 2018 wurde das Hochhaus fertiggestellt. Auf einem horizontalen Sockelbau erhebt sich ein Turm, dessen Fassaden mit Auskragungen und Rücksprüngen, Balkonen und Loggien klar und zugleich lebhaft wirken. Die Verkleidung mit weißen Aluminiumverbundplatten zieht sich zum Teil in diagonalen Bändern über mehrere Stockwerke, was die Fassaden dynamisiert. In der Sockelzone, die an Jacht-Design denken lässt, ist ein Hotel untergebracht. Darüber liegen drei Apartments, die auf Zeit angemietet werden können, und Eigentumswohnungen. PKWs werden in der Tiefgarage automatisch eingeparkt.

Eisenbahner-Wohnhochhäuser (II D2): Erst aus der Nähe ist die Qualität der vier Bauten zu erkennen, die nach Plänen von Helmuth Conradi 1954–56 errichtet wurden. Der Y-förmige Grundriss ist bei allen vier Häusern gleich. Sie unterscheiden sich in der Höhe (zwischen elf und 15 Geschosse) und in der Fassadenverkleidung. Von einem turmartigen Bauteil aus scheinen die vierfach gestuften Längsfassaden der Häuser wie zwei Flügel zu wachsen. Man kann dabei an das Fliegen denken, zumal die Häuser auf einem Hügel liegen. Durch ganz unterschiedlich gestaltete Fassadenbereiche, eine abwechslungsreiche Farbigkeit und schräg hervorragende Balkone haben die Hochhäuser anders als viele zeitgleiche spannungslose Hochhaus-Wohnbauten eine lebendig-plastische Ausstrahlung.

Der **Pragfriedhof** (II D1/2–E1/2) wurde 1873 eröffnet. Der Name hat nichts mit der tschechischen Hauptstadt zu tun, sondern stammt möglicherweise von dem keltischen Wort *barg* (»Anhöhe«). Die Prag ist ein Höhenrücken, der Stadtteil, in dem der Friedhof liegt, heißt »Auf der Prag«. Im Eingangsbereich stehen drei 1873–76 von August Beyer entworfene neogotische Bauten: Kapelle, Verwaltungsgebäude und ehem. Leichenhaus (heute Ausstellungsraum zur Grabgestaltung). 1905–07 schuf Wilhelm Scholter auf dem Friedhof das einzige Stuttgarter **Krematorium**, einen monumentalen Bau mit zwei geschwungenen Kolumbarien, die in Pavillons enden, und einer Kuppel, die von einem Tambour gekrönt wird. Ein Eingang unter einem gewaltigen Rundbogen führt in die Feierhalle. Die Gesamtanlage des Krematoriums hat neobarocken Charakter, Jugendstil zeigt sich in dekorativen Elementen, etwa den Skulpturen. 1980–92 wurde das Krematorium um einen neuen Unterbau mit der Einäscherungsanlage, weitere Kolumbarien und eine zweite, unterirdische Feierhalle erweitert, sachliche Betonbauten von Max Bächer und Harry G. H. Lie.

Gedenkstätte Zeichen der Erinnerung (II E1/2): Fünf Gleise, Prellböcke und ein Schotterbett auf einem alten Güterbahngelände – von hier aus deportierte man zwischen 1941 und 1945 etwa 2300 jüdische Bürgerinnen und Bürger sowie 300 Sinti und Roma und Angehörige anderer Opfergruppen aus Stuttgart und ganz Württemberg in Konzentrations- und Vernichtungslager. Fast alle wurden ermordet. Der erste Zug mit etwa 1000 Menschen fuhr am 1. Dezember 1941 nach Riga ab; nur 28 Menschen überlebten. 2006 entstand der Gedenkort nach einem Entwurf von Anne-Christin und Ole Saß. Wer ihn betritt, wird zuerst mit einer Betonscheibe konfrontiert, auf die eine Liste der Deportationszüge gesetzt ist; die meisten Transporte gingen nach Theresienstadt und Auschwitz. An einer überdachten Wand sind Informationstafeln zu finden. Die Namen der Opfer, soweit bekannt, sind in eine 70 m lange Betonwand eingeschrieben. Die Gedenkstätte überzeugt durch ihre ganz nüchterne, reduzierte Ausstrahlung. Die Gleise und die Namen sprechen regelrecht.

Die **Kirche St. Georg** (II D2) wirkt monumental und etwas abweisend. Mit dem Gemeindehaus links und dem Pfarrhaus rechts bildet sie einen Vorhof, von dem eine Freitreppe zum Eingang führt. Über diesem erhebt sich der 40 m hohe Turm mit seinem Pyramidendach. Der Horizontalität des Kirchenschiffs setzt er einen starken vertikalen Akzent entgegen, noch verstärkt durch die markanten, über Eck geführten Gesimse im oberen Teil des Turms. Über dem Kircheneingang ist eine überlebensgroße Plastik des hl. Georg von Georg Rieber angebracht. Nur schlitzartige vertikale Fenster öffnen die großen Wandflächen des Schiffs aus rot-violettem Backstein. Für die Georgskirche hat der Architekt Hugo Schlösser 1929–32 eine stilistische Verknüpfung von Neuer Sachlichkeit und Expressionismus entwickelt, der sich an stellenweise ornamental verwendetem Backstein zeigt. Gelungen ist ihm damit einer der eindrucksvollsten Bauten der Stuttgarter Architektur der 1920er Jahre, der an den norddeutschen Backsteinexpressionismus denken lässt. Im basilikalen Langhaus säumen zwei sehr schmale Seitenschiffe mit Quertonnen ein Mittelschiff mit flacher Decke. Auch den Chor überdeckt ein Tonnengewölbe. Die Wand- und Apsismosaiken stammen von Josef Eberz. Mit seinen spitzen Rippen hat das Gewölbe der ehem. Taufkapelle eine expressionistische Ausstrahlung. Hier fügen sich 14 nichtgegenständliche Siebdrucke von Anton Stankowski zu einem modernen Kreuzweg. 2011 renovierte Peter W. Schmidt den

Innenraum; er versah ihn mit einem schwarzen Terrazzoboden und neuen Kirchenbänken aus hellem Holz, die auf Parkett stehen, und Rolf Bodenseh schuf Altar, Ambo, Taufstein und Weihwasserbecken aus schwarzem Lavabasalt.

Das Herbert-Keller-Haus, Sitz der **Landesgeschäftsstelle des Diakonischen Werks** (Heilbronner Straße 180, s. Übersichtskarte) fällt mit seiner lebhaften Fassade aus Glas und gewelltem Aluminiumblech und mit seinen Markisen auf. Neben dem sechsgeschossigen Hauptbau umschließt ein bis zu drei Geschossen hoher Flügel einen Atriumhof mit Glasdach. Das Gebäude wurde 1981–84 vom Architekturbüro Günter Behnisch & Partner entworfen.

Theaterhaus (Siemensstraße 11, s. Übersichtskarte): Der Bau wurde 1923 von Emil Fahrenkamp als Rheinstahl-Werk errichtet. Das bedeutende Bauwerk der Architekturmoderne steht seit 1986 unter Denkmalschutz. Die zur Rheinstahlstraße gewandte Front der monumentalen Lagerhalle zeigt eine interessante Verbindung von Expressionismus und Neuer Sachlichkeit. Das Gewerbebauwerk ist nicht nur funktional gestaltet, sondern bietet eine eindrucksvolle ästhetische Inszenierung. Expressionistisch orientiert ist die Öffnung der streng symmetrischen Fassade durch sieben mit Pfeilern abwechselnde vertikale Fensterbänder in der Mittelachse. Auch die Backsteinverkleidung und die spitzwinkligen Wandvorlagen sind Charakteristika des Expressionismus. Funktionalistisch-sachlich dagegen wirkt die klare Horizontalgliederung der Halle, optisch aufgelockert durch je zwei Segmentbogenfenster rechts und links neben der Mittelzone der Fensterbänder. 2003 wurde das Gebäude von den Architekturbüros plus + bauplanung Hübner-Forster-Hübner und engelhard.eggler.architekten zum Theaterhaus, eine der wichtigsten Stuttgarter Kulturinstitutionen, umgebaut. In vier Sälen wird Musik, Ballett, Theater und Comedy geboten.

Der **Höhenpark Killesberg** (s. Übersichtskarte) westlich der Stresemannstraße entstand 1939 im Rahmen der Reichsgartenschau und ist heute Teil des »Grünen U«, einer 8 km langen Kette von Park- und Erholungsanlagen, die sich im Bogen bis zum Schlossplatz erstreckt. Der Park wurde nach dem Krieg im Rahmen mehrerer Gartenschauen umgestaltet, zuletzt bei der Internationalen Gartenbauausstellung 1993. Die **Milchbar**, 1950 nach einem Entwurf von Rolf Gutbrod errichtet und ein Beispiel für organisches Bauen, ist ein ungewöhnliches, avantgardistisches Gebäude der frühen Nachkriegszeit. Eine geschwungene Treppe führt zur vollverglasten Fassade, die mit Mauerwerk aus rotem Sandstein kontrastiert. Darüber ragt ein gegenüber dem Grundriss schräg versetztes Pultdach auf. Südlich davon: Der in den 1950er Jahren errichtete **Killesbergturm** wurde in den 1970er Jahren abgerissen. Ein 1993 geplanter Neubau konnte aus Kostengründen zunächst nicht realisiert werden, doch der Stuttgarter Verschönerungsverein ermöglichte ihn durch Spender – jeder von ihnen finanzierte symbolisch eine der 348 Stufen des Turms (je 174 auf- und abwärts), wie jeweils auf der Stufe zu lesen ist. Der Turm wurde 2000/01 nach Entwürfen des Architekturbüros Schlaich Bergermann Partner (Bauwerk) und von Hans Luz (Landschaftsarchitektur) errichtet. Das statische Prinzip hat Seilnetzkühltürme von Kraftwerken zum Vorbild. Der Fuß eines 40 m hohen Mastes lagert gelenkig auf einem Fundament. Ein den Mast umrundendes und stabilisierendes Stahlseilnetz, dessen Form an eine Fischreuse erinnert, läuft vom oberen Teil des Baus nach unten, wo es im Boden verankert ist. Die vier runden Aussichtsplattformen in 8, 16, 24 und 31 m Höhe sind am Mast und am Seilnetz befestigt, das auch die Stahltreppen trägt. Das Ergebnis wirkt mit den elegant den Masten umkurvenden Treppenläufen filigran-leicht; von oben hat man einen weiten Blick über die Stadt. Im Park verteilt sind 25 **Kunstob-**

jekte zu sehen, darunter die Installation *Erinnerungskörper* (2013) von Ülkü Süngün, die an die über 2500 jüdischen Bürgerinnen und Bürger aus Württemberg erinnert, die sich 1941/42 auf dem Gelände einfinden mussten und von dort in Konzentrations- und Vernichtungslager transportiert wurden. In Richtung Stresemannstraße steht die Installation *Stangenwald*, ein Raster aus 7 × 9 Betonsäulen, geschaffen 1993 von Hans Dieter Schaal.

Die **Brenzkirche** (II C1) gegenüber der Kunstakademie, benannt nach dem Reformator Johannes Brenz, ist ein bemerkenswertes Zeugnis der deutschen Geschichte und Baugeschichte. 1932/33 wurde sie im Stil des Neuen Bauens von Alfred Daiber errichtet. Das langgestreckte Gebäude mit einem Flachdach und einer runden Ecke wies an der Längsseite zwei Fensterbänder auf, die Fassade zur Straße Am Kochenhof prägte ein großes Fenster mit einer ungewöhnlichen Abschrägung. Unkonventionell war auch die Konstruktion des Glockenturms, der auf zwei Pfeilern außerhalb des Gebäudes und zugleich auf dem Kirchendach ruhte. Bereits bei ihrer Weihe im April 1933 wurde die kühne, avantgardistische Kirche »als Seelensilo«, »Zigarrenfabrik« »und »eine Schande« verhöhnt. Den Nationalsozialisten passte der sachliche Bau in unmittelbarer Nähe des geplanten Reichsgartenschaugeländes nicht. Daher gestaltete Rudolf Lempp, ein Vertreter der konservativen »Stuttgarter Schule«, die Kirche 1939 massiv um. Die abgerundete Ecke ersetzte er durch eine rechtwinklige, das Gebäude erhielt ein Satteldach, die großen Fenster verloren durch starke Verkleinerung ihre Wirkung, das abgeschrägte Fenster wurde durch Verkleinerung optisch zerstört, und der mit seinen Stützen sehr leicht erscheinende Glockenturm bis zum Boden wurde geschlossen. Nach Kriegszerstörungen wurde der entstellende Umbau von 1939 durch Rudolf Lempp 1947 wiederhergestellt.

Die Brenzkirche in ihrer ursprünglichen Gestalt

Staatliche Akademie der Bildenden Künste (II C1): Künstler wurden in Württemberg seit der Gründung der Académie des Arts 1761 in Stuttgart akademisch ausgebildet. Im 19. Jh. entwickelte sich eine Kunstschule, die ab 1901 Königliche Akademie der bildenden Künste hieß, parallel zur Staatlichen Kunstgewerbeschule. Der Maler, Grafiker, Designer und Architekt Bernhard Pankok leitete diese Schule ab 1913 in dem von Ludwig Eisenlohr und Oscar Pfennig gebauten und von Pankok wesentlich beeinflussten Gebäude. 1941 wurden Akademie und Kunstgewerbeschule vereinigt und firmierten fortan als Staatliche Akademie der Bildenden Künste Stuttgart. Der 1912/13 errichtete Altbau mit seiner reduziert-klaren Fassade ist kaum noch historistisch geprägt, sondern hat eine funktionalistische Ausstrahlung. Nur das Eingangsportal mit seinen Kolossalhalbsäulen und das Kranzgesims intonieren noch historische Bezüge. An der Südflügelfassade sind sieben Kratzputzreliefs (Sgraffiti) mit Szenen von Rudolf Rochga (u. a. *Maurer bei der Arbeit*, *Kunstgewerbe*) aus den Jahren

1930–33 zu sehen. Die Fassade des Neubaus I (1964–68 nach einem Entwurf des Staatlichen Hochbauamtes I) zeigt eine kraftvolle dreidimensionale Gestaltung durch horizontale und vertikale Betonelemente. Das Innere des Gebäudes vermittelt mit einem offen-dynamischen System von Gängen und Treppen ein besonderes Raumerlebnis. Das Architekturbüro Mahler, Gumpp, Schuster gestaltete 1994 den Neubau II mit seiner prägnant gerasterten Glas-Metall-Fassade.

◆ **Weißenhofsiedlung** (II D1): Mitte der 1920er Jahre fand in Stuttgart ein bemerkenswertes Experiment statt. 17 Architekten aus fünf Ländern mit einer definitiv avantgardistischen Orientierung entwarfen eine Siedlung mit 33 Gebäuden. Errichtet wurde die Weißenhofsiedlung 1927 in nur 21 Wochen. Rund 90 Jahre später, 2016, erlangten zwei der 23 original erhaltenen Gebäude den Rang eines Weltkulturerbes.

Impulse zu diesem Projekt waren von der Württembergischen Arbeitsgemeinschaft des Deutschen Werkbundes ausgegangen, zu deren Mitgliedern der Stuttgarter Maler Willi Baumeister und Richard Döcker, Architekt in Stuttgart und später Bauleiter der Siedlung, gehörten. Die Zusammenarbeit von Werkbund und Stadt Stuttgart ermöglichte die Ausstellung »Die Wohnung«, die Pläne und Modelle neuer Architektur, moderne Produkte für die Wohnung und neue Baumaterialien und -maschinen zeigte. Die Weißenhofsiedlung war Teil dieser Ausstellung – ihr aufwendigster; die Stadt stellte das Bauland zur Verfügung und besorgte die Finanzierung. Zunächst entwickelte der Stuttgarter Traditionalist Paul Bonatz einen Lageplan, doch als der Avantgardist Ludwig Mies van der Rohe in die Planung einbezogen wurde, kam es zu keiner Einigung über das Konzept. Bonatz verließ das Projekt, und Mies wurde künstlerischer Leiter. Die Zielsetzung war vielfältig. Es galt, Wohnungen für moderne Großstadtmenschen zu entwerfen, bei denen die Funktionalität im Vordergrund stehen sollte. Zielgruppe waren Menschen aus der Arbeiterschicht und dem Mittelstand, und es ging, so Mies van der Rohe, um die »Neue Wohnung« als wesentliches Element neuer Lebensformen. Wichtig war den Architekten auch die Verbilligung der Wohnanlagen durch geeignete Materialien und neuartige Konstruktionsverfahren. Nicht zuletzt sollte eine neue, durch ihre Reduktion radikale Ästhetik präsentiert werden. Einige der Architekten der Siedlung zählen zu den bedeutendsten Vertretern der Architekturmoderne des 20. Jh.s: Peter Behrens, Walter Gropius, Le Corbusier, Ludwig Mies van der Rohe, Hans Scharoun, Mart Stam, Bruno Taut. Gebaut wurden nach dem Plan von Mies van der Rohe Haustypen: Einfamilien-, Doppel-, Reihen- und Mehrfamilienhaus. Formal war lediglich das Flachdach vorgegeben. 33 Häuser mit 63 Wohnungen entstanden, locker und gegeneinander versetzt auf einem terrassierten Hanggrundstück platziert. Neu waren die Auffassung des Raumes mit einer Flexibilisierung der Grundrisse und die freie Gestaltung der Fassade. Innovative Konstruktionsverfahren demonstrierten u.a. die Errichtung eines größeren Mehrfamilienhauses als Stahlskelettbau (Wohnblock von Mies van der Rohe), industrielle Vorfertigung (Gropius) und das Betongussverfahren (Reihenhäuser von Jacobus Johannes Oud). Der Bewohnerzielgruppe wurden nur wenige Häuser gerecht; die ersten Mieter waren fast ausnahmslos Akademiker; in den meisten Wohnungen lebte auch eine Haushaltshilfe.

Mit ihren charakteristischen Merkmalen des Neuen Bauens bzw. des Internationalen Stils wie Flachdächern, Fensterbändern, Putzfassaden und einem radikalen Verzicht auf Ornamentik mussten die Häuser der Weißenhofsiedlung Laien wie Fachleute provozieren. Paul Bonatz schalt die Siedlung als »Vorstadt Jerusalems«, der Stuttgarter Architekturprofessor Heinz Wetzel vermisste bei den unkonventionellen Bauten

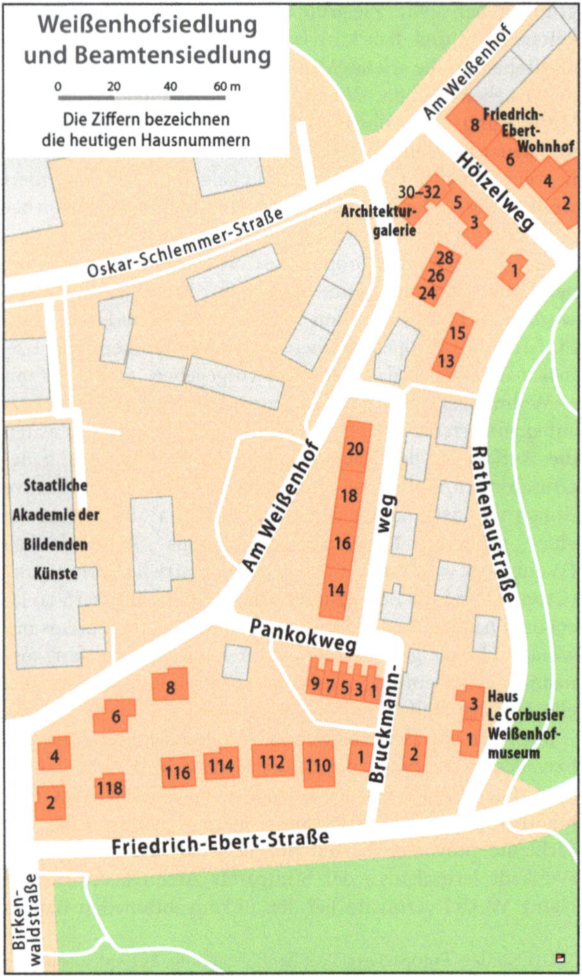
Weißenhofsiedlung und Beamtensiedlung
0 20 40 60 m
Die Ziffern bezeichnen die heutigen Hausnummern
Am Weißenhof
Friedrich-Ebert-Wohnhof
8
6
4
2
Hölzelweg
30–32
5
3
Architektur-galerie
Oskar-Schlemmer-Straße
28
26
24
1
15
13
Am Weißenhof
20
18
16
14
weg
Rathenaustraße
Staatliche Akademie der Bildenden Künste
Pankokweg
9 7 5 3 1
Bruckmann-
Haus Le Corbusier Weißenhof-museum
3
1
8
6
4
2
118
116
114
112
110
1
2
Friedrich-Ebert-Straße
Birken-waldstraße

ein »Erdgewachsensein«, und 1934 wurde die Siedlung in einer Bildcollage als »Araberdorf« verunglimpft. Die *Sonntags-Zeitung* dagegen lobte die Häuser 1927 als Bauten »unserer Zeit« für »heutige Menschen«. Für die Nationalsozialisten war die Weißenhofsiedlung ein »Schandfleck«, den sie für die Errichtung eines Wehrbereichskommandos tilgen wollten – der Kriegsbeginn 1939 verhinderte dies. Im Krieg wurden acht Häuser zerstört oder beschädigt, nach dem Krieg abgerissen und durch bieder-belanglose Neubauten, teilweise mit Satteldach, ersetzt. Ein zerstörtes Haus von Döcker wurde nicht wiederaufgebaut, das erhaltene Haus Adolf Radings wurde 1956 abgerissen und verändert wiedererrichtet. Seit 1958 steht die Siedlung als herausragendes Zeugnis der modernen Architektur unter Denkmalschutz. Dennoch hielt sich die öffentliche Wertschätzung in Grenzen. Erst 1981–86 wurden die original erhaltenen Häuser saniert.

Ein Rundgang durch die Siedlung beginnt bei dem größten Gebäude, dem langgestreckten Wohnblock mit vier Häusern und insgesamt 24 Wohnungen von **Ludwig Mies van der Rohe** (**Am Weißenhof 14, 16, 18, 20**). Neu für ein Mehrfamilienhaus war die aus dem Gewerbebau übernommene Stahlskelettbauweise. Die Wohnfläche konnte durch hölzerne Trennwände flexibel gestaltet werden. Der Reihenhausblock des Niederländers **Mart Stam** (**Nr. 24, 26, 28**) zeigt mit seinem heiteren Blau, dass Häuser der Neuen Sachlichkeit nicht unbedingt weiß sein müssen. Ein Fensterband im oberen Geschoss verbindet die drei Häuser, die für mittelständische Familien mit Haushaltshilfe gedacht waren – im obersten Stockwerk war ein 6 m² großes »Mädchenzimmer« vorgesehen. Das Mehrfamilienhaus des ältesten der Weißenhof-Architekten, **Peter Behrens** (**Nr. 30, 32**), wurde in konventioneller Mauerwerksbauweise errichtet und hat noch traditionelle Sprossenfenster. Behrens ordnete den gestaffelten Baukörper so an, dass das

Flachdach eines niedrigen Geschosses jeweils als Terrasse eines darüber liegenden Stockwerks dient. Nach dem Krieg wurde das Haus durch ein Satteldach verunstaltet, das mittlerweile aber wieder entfernt wurde. Im Erdgeschoss zeigt die **Architekturgalerie am Weißenhof** in Wechselausstellungen Entwicklungen zeitgenössischer Architektur und Stadtplanung. Das Einfamilienhaus von **Hans Scharoun** (**Hölzelweg 1**) in Stahlskelettbauweise nimmt als organisch-plastischer Baukörper gegenüber den strengen Kuben der Siedlung eine Sonderstellung ein. Zwei der Hausecken sind rund, die Rundung zum Hölzelweg hin ist durch eine schwungvolle Außentreppe betont. Auch die runde Ecke der Gartenmauer trägt zur dynamischen Ausstrahlung des Hauses bei. Der große Wohnraum ist durch zwei Niveaustufen gegliedert. Die Unterseiten des Terrassenvordachs und des auskragenden Hausdaches sind in Rot gehalten und bilden einen kräftigen Kontrast zum vorherrschenden weißen Anstrich des Hauses. Die Fassade des Doppelhauses des Österreichers **Josef Frank** (**Rathenaustraße 13, 15**), gedacht für Familien mit Kindern und Diener, erhält durch die Verschiedenartigkeit der quer- und hochformatigen Fenster mit großen Glasflächen oder Sprossen eine gewisse Lebendigkeit.

Zwischen Rathenaustraße und Bruckmannweg stehen die nach Kriegszerstörungen oder Abriss verändert wiederaufgebauten Häuser der Siedlung. Über eine schmale Verbindung links des Hauses Rathenaustraße 13 gelangt man in den Bruckmannweg zu den fünf zweigeschossigen Reihenhäusern des niederländischen Architekten **J. J. Oud** (**Pankokweg 1, 3, 5, 7, 9**). Sie zeigen zum Pankokweg hin einen kleinen ummauerten Hof und ungewöhnliche Vorbauten mit einem schmalen Fensterband knapp unter dem Dach. Hier befindet sich einer der Hauseingänge, der andere liegt auf der entgegengesetzten Hausseite und ist über einen schmalen Garten zu erreichen.

Die Häuser mit etwa 70 m² Wohnfläche für Arbeiter und kleine Angestellte sind äußerst rationell gestaltet, wodurch die Hausarbeit erleichtert werden sollte. Die unterschiedliche Gestaltung der kleinen Gartenparzellen gibt einen Eindruck von der Individualität der Hausbewohner.

Vom Pankokweg über die Straße Am Weißenhof führt der Rundgang zur **Friedrich-Ebert-Straße 118**. Dort setzte der Belgier **Victor Bourgeois** bei seinem ockerfarbenen Einfamilienhaus mit Rundungen zarte Akzente gegen die rechtwinklige Nüchternheit des klar und ausgewogen gestalteten Gebäudes.

Weitere Bauten (**Am Weißenhof 2, 4, 6, 8, Friedrich-Ebert-Straße 110, 112, 116, Pankokweg 13**) gehören zur 1928–33 errichteten sog. **Beamtensiedlung** und sind wie die Bauten der Weißenhofsiedlung im Stil des Neuen Bauens gestaltet.

Zwei Einfamilienhäuser der Weißenhofsiedlung stammen von dem Stuttgarter Architekten **Adolf Gustav Schneck** (**Friedrich-Ebert-Straße 114** und **Bruckmannweg 1**). Den Grundriss beider Häuser teilte Schneck durch eine einzige tragende Mittelwand in zwei Räume, in denen dann freie Gestaltungsvarianten möglich waren.

2016 erhielten die beiden Häuser von **Le Corbusier** und seinem Vetter **Pierre Jeanneret** den Status eines Weltkulturerbes. Das schlank aufragende Einfamilienhaus im **Bruckmannweg 2** ist ein Bau von bestechender Kühnheit. Das erste Geschoss des Stahlskelettbaus steht auf Stützen vor dem zurückgesetzten Erdgeschoss. Der Wohnraum, von außen durch die große Fensterfläche erkennbar, zieht sich als Besonderheit des Hauses offen über zwei Stockwerke. Die schmalen seitlichen Rahmen der Dachterrasse im vierten Geschoss schließen das Haus ab. Das Erdgeschoss ist braun angestrichen, die Obergeschosse sind rosa und weiß gefasst. 1923 formulierte Le Corbusier »Fünf Punkte der modernen Architektur«: Stüt-

Wohn-, Ess-, und Schlafzimmer im Doppelhaus von Le Corbusier in der Weißenhofsiedlung

zen, Dachterrassen, freie Grundrissgestaltung, Fensterbänder und freie Fassadengestaltung. An seinem Doppelhaus in der **Rathenaustraße 1 und 3** hat er seine Forderungen verwirklicht. Die Stützen im Erdgeschoss verleihen dem Gebäude Leichtigkeit, ebenso wie die Pfeiler des eleganten steinernen Bügels über der Dachterrasse. Entschieden avantgardistisch ist der Wohnraum im ersten Stockwerk, der nachts mithilfe von Schiebewänden und Kufenbetten (tagsüber in Einbauschränken verstaut) in zugabteilähnliche »Schlafkabinen« transformiert werden kann. Entsprechend ist der Flur entlang des Zimmers nur 60 cm breit, wie der Gang eines Zuges. Das alles ist zu besichtigen. Im Gebäude zeigt das **Weissenhofmuseum** eine Ausstellung über die Siedlung sowie Räume in der wiederhergestellten Farbgebung und mit rekonstruierten Möbeln und Einbauten.

Der **Friedrich-Ebert-Wohnhof** (Hölzelweg 2, 4, 6, 8, Am Weißenhof 34, 36, 38, 40, 42) gegenüber dem Mietshaus von Peter Behrens steht etwas im Schatten der berühmten Weißenhofsiedlung, ist aber ebenfalls ein sehenswertes Zeugnis des Neuen Bauens in Stuttgart. Die Wohnanlage wurde von Karl Beer entworfen und 1927–29 errichtet. Die großen Gemeindebauten des »Roten Wien« der 1920er Jahre dienten als Vorbild. Drei fünfgeschossige Häuser, ein Turm und eine zweigeschossige Gaststätte (heute Wohnhaus) bilden einen Hof. Die Bauten sind weiß verputzt, die Fenster verbindet ein Streifen in Rot. Der achtgeschossige Turm mit Flachdach, um eine Ecke laufenden Balkonen und schmalen Fensterschlitzen in der Dachzone wird von einem Treppenhaus-Bau mit senkrechten Fensterbändern überragt. Er ist in Stuttgart weithin sichtbar und hat die Ausstrahlung der Neuen Sachlichkeit. Die Architektursprache der anderen Gebäude ist dagegen eine traditionellere, mit Satteldächern, Sprossenfenstern, Klappläden und dem symmetrisch gestalteten Eingangsbereich mit zwei Pfeilern, die sogar in Kapitellen enden.

Das **Haus Vetter** (II C2) wurde 1927/28 von Richard Döcker errichtet, einem Pionier des Terrassenhauses, Schüler von Paul Bonatz und Paul Schmitthenner, 1927 auch Bauleiter bei der Errichtung der Weißenhofsiedlung. Er staffelte den Flachdachbau mit vier Ebenen einen steilen Hang hinauf, nutzte also die Topografie für die Gestaltung eines dynamischen Baukörpers. Das Dach eines Geschosses bildet eine begehbare Ebene für das jeweils nächsthöhere Niveau. Runde Ecken, die aus dem ersten Geschoss hervorkragende Teilüberdachung der Hauptterrasse und der ungewöhnliche Grundriss des Erdgeschosses verleihen der Villa eine spannungsvolle Ausstrahlung.

Auch die **Siedlung Viergiebelweg** (II C1) wurde von Richard Döcker entworfen, in den Jahren 1922–26. An der Konzeption wirkte der städtische Baurat Hugo Keuerleber mit. Ihren Namen hat die Siedlung von vier Häusern mit leicht schräg zur Straße stehenden Giebeln; insgesamt besteht sie aus 16 Einzel- und fünf Doppelhäusern, die für Beamte gedacht waren. Döcker arbeitete mit traditionellen Elementen wie Satteldach, Sprossenfenster und Klappladen. Doch die schlichten Kuben ohne Dachausbauten und -vorsprünge, ohne Gesimsprofile und Ornamente strahlen bereits die Ästhetik der Neuen Sachlichkeit aus. Es gibt zwei leicht variierte Haus-Grundtypen. Döcker war wichtig, dass sich die typisierten Einzelbauten dem Charakter der Siedlung unterordneten. Dennoch wirkt diese keineswegs monoton, sondern im Viergiebelweg sogar wie gewachsen, nahezu dörflich. Döcker und Keuerleber hatten für die Siedlung ein raffiniertes Farbkonzept entwickelt. Die Häuser und auch ihre Farbgebung sind teilweise verändert worden. Das Haus Birkenwaldstraße 191 erfuhr 2003 eine originalgetreue Restaurierung – auch die ursprüngliche Farbgebung wurde wiederhergestellt.

Die **Kochenhofsiedlung** (II B1) war ein Gegenprojekt zur Weißenhofsiedlung. 1932 plante der Deutsche Werkbund eine Holzhaus-Mustersiedlung, um zur Unterstützung der deutschen Holzwirtschaft die Errichtung von Eigenheimen aus Holz zu popularisieren. Richard Döcker, Bauleiter der Weißenhofsiedlung, wurde auch Leiter des neuen Projekts und entwarf einen Plan mit innovativen Holzbauten. 1933 folgte auf den Stuttgarter Oberbürgermeister Karl Lautenschlager der Nationalsozialist Karl Strölin, und Döcker wurde als Planer der Ausstellung »Deutsches Holz für Hausbau und Wohnung« von den traditionell und regionalistisch orientierten Stuttgarter TH-Professoren Paul Schmitthenner und Heinz Wetzel abgelöst. Ihnen bot sich nun die Chance, der Weißenhofsiedlung, die sie entschieden ablehnten, ein radikal alternatives Siedlungskonzept entgegenzusetzen. Nun sollten Stadthäuser aus Holz errichtet werden, »weder Bauernhäuser noch Schweizerhäuser« und keine »Experimentalarchitektur für Wohnmaschinen«, wie Erich K. Hengerer formulierte, und »keine Proletarierwohnungen«, sondern Häuser »für die beste geistige Klasse«, so Schmitthenner. 23 Architekten entwarfen 25 Einfamilien-, Doppel- und Mehrfamilienhäuser. Es galt, diverse Holzbauweisen zu präsentieren. Verbindlich war das Satteldach. Außerdem musste das Holz von Außenwänden durch Putz oder deckenden Farbanstrich verborgen werden. Offen gezeigtes Holz sei, so fanden die Planer, städtischen Bauten nicht angemessen. Im Innern dagegen gibt es sichtbare Deckenbalken und Holzvertäfelungen. Mit ihren Lochfassaden, Sprossenfenstern und Fensterläden bieten die Kochenhof-Häuser nicht die anregende Vielfalt der Weißenhof-Bauten, sondern behaglich-biedere Homogenität. Viele Gebäude der Siedlung sind nicht mehr im Originalzustand erhalten. Ein originales Erscheinungsbild bieten aber zum Beispiel die Häuser von Hans Mayer (Hermann-Pleuer-Straße 8), Paul Heim (Carlos-Grethe-Weg 3) und Hans Volkart (Nr. 7). Das dreistöckige Mietshaus von Paul Bonatz und Friedrich Eugen Scholer (Hermann-Pleuer-Straße 15) mit Fensterbändern und sprossenlosen zweiteiligen Fenstern strahlt eine gewisse Modernität aus. Eher modern ist auch das Einfamilienhaus von Walter Körte (Kalckreuthweg 3) mit seinem S-förmigen Grundriss, Fensterbändern sowie einem Schleppdach über einem Anbau und der Garage gestaltet.

Die **Diplomatensiedlung** (II C2) war eine der ersten deutschen Bungalowsiedlungen – die erste in Stuttgart überhaupt. Sie wurde von Werner Gabriel, einem Schüler von Paul Bonatz und Paul Schmitthenner, für Mitarbeiter des US-Konsulats (das heute nicht mehr existiert) entworfen. Es gelang ihm, die zwölf Häuser in ein parkartiges Grundstück in einem Landschaftsschutzgebiet einzupassen. Sie sind in Zeilen angeordnet. Je zwei, drei bzw. vier Bauten sind miteinander verbunden. Jedes Haus hat einen L-förmigen Grundriss; die beiden Flügel flankieren eine Terrasse. Die Außenwände sind weiß verputzt, ein oberer und ein unterer Rand ist in einem dunklen Farbton angesetzt. In den Eingangsbereichen leuchten kräftige Farben.

Bismarckturm (II A2): Nach Bismarcks Tod 1898 fand seine Verehrung ihren konkreten Ausdruck in einer Bismarckdenkmal-Bewegung – weltweit wurden 240 Bismarcktürme errichtet. 1898 hatte die Deutsche Studentenschaft zum Bau von Bismarcktürmen aufgerufen; 146 Türme sind in Deutschland erhalten. Bemerkenswert ist, dass diese Denkmäler abstrakt, reine Architektur sind und Bismarck selbst gar nicht abgebildet ist. In einem Wettbewerb hatte Wilhelm Kreis die ersten drei Preise gewonnen. Nach seinem Entwurf »Götterdämmerung« wurden 47 Türme errichtet, darunter auf Initiative der Studentenschaft der Technischen Hochschule der Stuttgarter Bismarckturm, der eigentlich eine Bismarcksäule ist. Der Turm aus Stubensandstein wurde 1904 auf dem höchsten Punkt des Stuttgarter Nordens, dem Gähkopf (409 m), gebaut und ist 20 m hoch. Die Kanten des Turmschaftes werden von vier mächtigen Dreiviertelsäulen gebildet, über denen sich ein Architrav und der Turmkopf erheben. Das Bauwerk wirkt martialisch und abweisend, wie eine mittelalterliche Trutzburg. Ursprünglich war auf dem Turm eine Feuerschale angebracht, in der etwa zu Bismarcks Geburts- und Todestag eine gewaltige Flamme entzündet wurde. Der Turm ist öffentlich zugänglich; von einer Plattform aus bietet sich ein weiter Panoramablick über die Innenstadt sowie den Westen und Norden.

In der Nähe des Bismarckturms entstanden in den 1920er Jahren **Villen von Paul Bonatz und Paul Schmitthenner**, die die traditionalistische »Stuttgarter Schule« mitprägten. Ihre Vertreter grenzten sich von Historismus und Jugendstil ab und strebten eine eher konservative, regional und lokal orientierte Architektur an, für die materialgerechtes und handwerkliches Arbeiten bedeutsam war. Bonatz allerdings hat auch Bauten entworfen, die deutliche Merkmale der funktionalistischen Architektur des »Neuen Bauens« zeigten, in Stuttgart etwa den Zeppelinbau und die Neckar-Staustufe Bad Cannstatt. Einige der Villen nahe dem Bismarckturm wurden für die Lederfabrikantenfamilie Roser erbaut, so etwa die 1926 von Schmitthenner entworfene **Villa Roser** (Feuerbacher Weg 51). Der kubisch geschlossene, zweigeschossige Bau mit geschlämmtem Ziegelmauerwerk über einem Sockel aus Natursteinen, hohem Walmdach mit Biberschwanz-Dachziegeln und axial-symmetrischer Gestaltung von Fassade und Grundriss ist für Schmitthenners Bauauffassung charakteristisch. Mit seiner kubischen Form und dem steilen Walmdach ähnelt es Goethes Gartenhaus in Weimar, Schmitthenners Ideal eines Hauses, und wurde zum Muster eines traditionell gestalteten deutschen Wohnhauses. Schräg gegenüber liegt die **Villa Porsche** (Nr. 48). Bauherr war Ferdinand Porsche, der Gründer des Stuttgarter Automobilunternehmens. Das landhausartige Anwesen von 1923 wurde von Paul Schmitthenner und Friedrich Scholer entworfen. In dem der Villa angeschlossenen Werkstatt- und Garagengebäude wurden 1936 Prototypen des VW-Käfers für Testfahrten gewartet und aufgetankt. Das frühere Wohnhaus ist heute Gästehaus der Firma Porsche. Neben der Porsche-Villa steht das **Theodor-Heuss-Haus** (Nr. 46), das Theodor Heuss nach dem Ende seiner Amtszeit als Bundespräsident 1959 erbauen ließ. In dem von Theo A. Karbiener entworfenen Einfamilienhaus im reduziert-klaren Stil der 1950er Jahre lebte Heuss bis zu seinem Tod 1963. Heute zeigt das für Ausstellungszwecke umgebaute Haus eine Dauerausstellung zum Leben und Werk des Journalisten, Autors und Politikers, der sich auch mit Architektur befasst hat (1939 schrieb er ein Buch über Hans Poelzig, einen Architekten des Expressionismus und der Neuen Sachlichkeit). Wohn-, Ess- und Arbeitszimmer sind mit dem Originalmobiliar im Stil der 1950er Jahre und Kunstwerken aus Heuss' Besitz ausgestattet. 1921 errichtete Paul Bonatz das **Landhaus Roser** (Am Bismarckturm 58). Der breit gelagerte, symmetrische Bau mit Walmdach erhält durch einen barockisierenden Ziergiebel über dem Eingang einen starken Akzent. Zwei Seitenflügel bilden einen Vorhof. Bonatz hat hier nach einem palladianischen Villenschema gearbeitet. Die Nordseite des **Hauses Bonatz** (Nr. 45), das der Architekt 1921/22 als sein eigenes Wohnhaus entworfen hat, ist vom Bonatzweg aus zu sehen. Das benachbarte, 1925–27 erbaute **Haus Hahn** (Nr. 47) stammt ebenfalls von Bonatz und von seinem Büropartner Friedrich Scholer. Segmentbogenfenster mit Klappläden und das barockisierende Profil mit einem Schlussstein über der Eingangstür akzentuieren Traditionalismus. Ein Haus, das ebenfalls eine eher vergangene Ästhetik in Szene setzt, aber auf reizvolle Weise, ist die **Villa Kahn** (Feuerbacher Heide 56) von Paul Schmitthenner. Es handelt sich um eine streng symmetrische Dreiflügelanlage, deren Seitenflügel vorne durch eine weiß geschlämmte, oben geknickte Mauer verbunden sind; in die Mitte dieser Mauer ist ein filigran gegittertes Tor gesetzt. Der zartgelbe Bau mit seinen Walmdächern und Sprossenfenstern zeigt stilistische Reminiszenzen und expressionistische Details, darunter der Hauseingang mit Spitzbogen, die Fenstergitter, die Balkonbrüstung und verspielte Außenlaternen.

Neben Gründerzeitvillen war das **Bürohaus Stohrer** (II B3/4) bei seiner Fertigstellung 1961 ein ungewöhnlicher Bau. Mit seinem Flachdach und den Fensterbändern weist er charakteristische Merkmale der funktionalistischen Moderne auf. Die Stützen des zur Hälfte offenen Erdgeschosses heben den Bau ein wenig, das auskragende erste Obergeschoss verleiht der Fassade eine markante Ausstrahlung. Das Dachgeschoss, in dem einst der Architekt des Hauses, Paul Stohrer, wohnte, ist bis auf einen schmalen Schlitz geschlossen. Bullaugen und verschiedenartige Fenster verleihen der Rückseite des Gebäudes Lebendigkeit. Das gestalterisch spannungsvolle und zugleich ausgewogene Haus ist eines der gelungensten Bauwerke der frühen Nachkriegszeit in Stuttgart.

Das **GEDOK-Haus** (II B4) wurde 1953–54 nach einem Entwurf von Grit Bauer-Revellio erbaut, an einem Hang zwischen Seiden- und Hölderlinstraße. Die Stuttgarter Gruppe des europaweit größten Netzwerks von Künstlerinnen »GEDOK – Verband der Gemeinschaften der Künstlerinnen und Kunstförderern e. V.« hat hier ihren Sitz. Künstlerinnen der Sparten bildende und angewandte Kunst, Musik, Literatur, Tanz und Neue Medien stehen hier 22 Wohnateliers zur Verfügung. Der sehr klar gegliederte Eingangsbereich in der Hölderlinstraße mit großen und kleinen Fenstern sowie einem großflächig verglasten Treppenhaus erinnert an das Neue Bauen der 1920er Jahre. Die talseitige zwölfgeschossige Südfassade zeigt Loggien in Zimmerbreite, die in der damals neuen »Schottenbauweise« durch tragende Querwände abgeteilt sind, wodurch innere Wände entlastet werden. Die weiß-gelben Loggienbrüstungen strahlen eine heiter-leichte 50er-Jahre-Ästhetik aus.

Zuffenhausen und Rot

Das **Porsche Museum** (Porscheplatz 1, s. Übersichtskarte) präsentiert sich in einem deutlichen Gegensatz zum fließenden Design der Porsche-Modelle. Auf drei mächtige Stützen setzte das Büro Delugan Meissl Associated Architects 2005–08 einen wuchtigen Baukörper mit kühnen Kanten. Der polygonale, skulptural wirkende Monolith ist ein ganz eigenwilliger, kraftvoller Bau. Er ist mit weißen Aluminiumplatten verkleidet, zum Porscheplatz hin richtet sich eine fassadengroße Fensterfläche. Die spiegelnde Edelstahl-Unterseite des Gebäudes reduziert ein wenig dessen fast monströse Schwere. Im Erdgeschoss kann der Besucher durch ein Fenster in eine Autowerkstatt schauen. Rolltreppen führen in den vom Architekturbüro hg merz gestalteten, stützenlosen Ausstellungsraum, der ganz in Weiß gehalten ist und über 80 Fahrzeuge präsentiert.

Wohnhochhäuser »Romeo und Julia« (Schozacher Straße 40, Schwabbacher Straße 15, s. Übersichtskarte): In der in konventioneller Zeilenbauweise ab 1949 errichteten Siedlung Rot wurden 1954–59 zwei ungewöhnliche Hochhäuser gebaut, die herausragende Nachkriegsarchitektur darstellen. Die Namen »Romeo« und »Julia« gab ihnen Hans Scharoun, der das »Paar« gemeinsam mit Wilhelm Frank entwarf. Scharoun ist einer der wichtigsten Vertreter der »organischen« Architektur, und tatsächlich haben beide Bauten in der Gliederung ihrer Baukörper und mit ihren das Rechtwinklige vermeidenden Grundrissen etwas Organhaftes. Der mit 19 Geschossen hoch aufragende Solitär »Romeo« mit 104 Wohnungen ist kein klassisch-moderner Kubus, sondern weist entsprechend dem freien Grundriss mehrfach geknickte Außenwände auf, aus denen dreieckige Balkone hervorstoßen. »Julia« ist hufeisenförmig mit Laubengängen in der inneren Rundung angelegt. Die Teile des Gesamtbaus bergen insgesamt 82 Wohnungen auf fünf, acht bzw. zwölf Etagen, und auch hier stechen die Balkone mit ihren Spitzen förmlich aus dem Bau ins Offene. Auf die Dächer beider Hochhäuser wurden Atelierwohnungen mit schrägen Fenstern gesetzt. Die Grundrisse der Wohnungen, allesamt

Eigentumswohnungen, haben neben rechten auch stumpfe und spitze Winkel. Die außergewöhnliche Gestalt der beiden Hochhäuser wird durch verschiedenfarbige Anstriche der Fassaden – gelb, grün, rot – noch verstärkt. Insgesamt haben »Romeo und Julia« mit ihrer bizarr-expressiven Formgebung noch heute eine moderne Ausstrahlung.

Wohnanlage Tapachstraße (Tapachstraße 75–97, s. Übersichtskarte): Peter Faller und Hermann Schröder haben hier ihr Konzept des »Wohnhügels« umgesetzt, indem sie ein »halbes« Wohnhügelhaus entwarfen. Entstanden sind 1969–71 ein sechsgeschossiges Terrassenhaus mit 80 Wohnungen und 19 vorgelagerte eingeschossige Atriumhäuser mit Flachdächern. In die schräge Südseite des Terrassenhauses sind sichtgeschützte Loggien eingefügt, die durch Betonplatten, die in der Vertikalen zusammenhängen, voneinander getrennt sind. Alle Wohnungen haben Freiflächen. Im Erdgeschoss des langgestreckten Terrassenhauses liegen Wohnungen mit kleinen Gartenhöfen. Die Wohnungen darüber und die Maisonettes ganz oben haben Terrassen. Die Nordseite des Baus, wo Laubengänge zu den Wohnungseingängen führen, wirkt mit ihrem funktionsorientierten Brutalismus abweisend. Der 1971 und 1972 preisgekrönte ungewöhnliche Bau, der wie ein Haus in Schräglage wirkt, versucht das Zusammenleben vieler Wohnparteien in *einem* Gebäude mit den Ansprüchen auf ein privat-intimes Wohngehäuse, das auch einen kleinen Außenbereich umfasst, zu vereinen.

Vom Osten an den Neckar

(Wo nicht anders angegeben, s. die Übersichtskarte.)

Villa Reitzenstein (I E7): Die 1910–13 von Hugo Schlösser und Johann Weirether erbaute Villa mit den Ausmaßen eines Schlosses hat eine bewegte Geschichte. Bauherrin der Privatvilla war Baronin Helene von Reitzenstein, Tochter des reichen Stuttgarter Verlegers Eduard Hallberger. Der neobarocke Bau orientiert sich an französischen Bauten des 18. Jh.s und ähnelt dem 1760–64 erbauten Lustschloss Monrepos in Ludwigsburg. Die zweigeschossige Dreiflügelanlage aus Sandstein wird an der Westseite zur Richard-Wagner-Straße hin von einem kraftvollen Mittelrisalit mit ionischen Säulen und Kuppel dominiert. Kannelierte Pilaster strukturieren die Fassade, über der sich steile Mansarddächer erheben. In einem von drei Flügeln gebildeten Hof an der Ostseite der Villa in der Gröberstraße liegt der repräsentative Haupteingang unter einem von Säulen getragenen Rundbalkon und einem Dreiecksgiebel. Die Villa verfügte bereits über Garagen für Automobile und eine Warmwasser-Zentralheizung. Im Ersten Weltkrieg diente sie zeitweise als Lazarett, 1921 verkaufte die Baronin das Haus an den württembergischen Staat. Nun wurde es Amtssitz der württembergischen Staatspräsidenten, zunächst von Wilhelm Bazille; auf ihn folgte Eugen Bolz, den die Nationalsozialisten 1933 absetzten und 1945 ermordeten. 1933–45 war die Villa Reitzenstein Amtssitz des württembergischen Gauleiters und Reichsstatthalters Wilhelm Murr. Ab 1948 fungierte sie als Dienstsitz von Reinhold Maier, dem Ministerpräsidenten von Württemberg-Baden, seit 1952 ist sie Sitz des Regierungschefs von Baden-Württemberg und des Staatsministeriums. Der Park der Villa ist nur an einigen Tagen im Jahr für die Öffentlichkeit zugänglich.

Von der **Wieland-Wagner-Höhe** schräg gegenüber der

Villa Reitzenstein in der Richard-Wagner-Straße 24 hat man einen hervorragenden Blick auf das Stadtzentrum. Ein paar Hundert Meter weiter, an der Stadtbahnhaltestelle Bubenbad, liegt ein weiterer Aussichtspunkt: am Beginn der Georg-Elser-Staffel (der Widerstandskämpfer und Hitler-Attentäter Elser wurde 1945 vom nationalsozialistischen Regime ermordet).

Die **Villa Kopp** (I F6), entworfen von Paul Bonatz, wurde 1910/11 im Stil eines Landhauses erbaut. Der langgestreckte Bau mit einem hohen Walmdach ist nur äußerst sparsam mit einem »Laufenden Hund« dekoriert: Das antikisierende Ornament ist als grünes Flachrelief in der Traufzone unter einem Zinnenfries angebracht (an Häusern findet sich der »Laufende Hund« sehr selten; die mäandrierende Form sich überschlagender Wellen steht für die permanente Reproduktion des Lebens). Mit seiner schlicht-klaren Ausstrahlung und der Verwendung traditioneller Baumaterialien zeigt die Villa Kopp bereits Merkmale der Stuttgarter Schule der 1920er und 1930er Jahre, zu deren Gründern Bonatz zählte. In der Epoche des Späthistorismus und des Jugendstils war die Villa ihrer Zeit voraus. Seit 1975 ist im Erdgeschoss eine Kunstgalerie untergebracht.

Das **Haus Ketterer** (Hackländer Straße 16) setzt einen starken Kontrapunkt gegen die gediegenen Villen in seiner Umgebung. Der weiße, mediterran wirkende Bau von Chen Kuen Lee aus dem Jahr 1954 hat eine zeitlos avantgardistische Ausstrahlung. Lee baute von innen nach außen. Entstanden ist ein bestechend bizarres Haus, das sich nicht dem rechten Winkel verpflichtet fühlt. An diesem Haus ist ablesbar, dass Chen Kuen Lee 1939–53 Mitarbeiter Hans Scharouns war, der in Stuttgart ein Haus zur Weißenhofsiedlung beisteuerte und drei Hochhausbauten entwarf. Lees Haus ist einer der interessantesten Bauten Stuttgarts.

Im **Robert-Bosch-Haus** (Heidehofstraße 31), auch Villa Bosch genannt, wohnte bis zu seinem Tod 1942 der Industrielle Robert Bosch; heute hat die Robert Bosch Stiftung hier ihren Sitz. Jakob Früh und Carl Heim errichteten den historistischen Bau im Stil der italienischen Renaissance 1910/11. Das mächtige steinerne Eingangstor des Parks, in dem die Villa liegt, wird von vier ionischen Halbsäulen gegliedert und ist u. a. mit dem Relief eines »Bosch-Zünders« geschmückt. Die Sandsteinfassade des dreigeschossigen Gebäudes wird durch verschiedene Rustizierungen strukturiert, eine repräsentative, doppelläufige Treppe führt zum Eingang im Obergeschoss, der hinter vier Säulen unter einem Balkon liegt. Ein Belvedere-Turm überragt die Villa. Neben dem Robert-Bosch-Haus steht das 2002–04 von Peter Kulka entworfene, von der Straße aus nicht sichtbare **Haus Heidehof**, das Schulungszentrum der Robert Bosch Stiftung, ein eleganter dreigeschossiger Bau im Stil der klassischen Moderne.

Ehem. Selbstbedienungsladen (I E5): Der Bau in der Gerokstraße 12 wurde als erster in Stuttgart eigens als Supermarkt konzipiert. Seine Konstruktion wirkte damals avantgardistisch. Der Grundriss des eingeschossigen Gebäudes hat die Form eines gleichschenkligen Trapezes. Zwei Reihen von jeweils zwölf Stahlbetonstützen tragen ein geschwungenes Dach, für das auf ein vorgespanntes Seilträgernetz Beton aufgebracht wurde. Diese erste Hängedachkonstruktion Württembergs wurde 1955 von Eduard W. Hanow entworfen. Sie erinnert an den Tisch einer Sprungschanze und steigt ab einer Höhe von etwa 4 m auf fast 7 m über der Gebäudefront an. Die Bauweise erlaubte einen stützenfreien Raum, den man frei unterteilen und mit Regalen bestücken konnte. Vorbild waren US-amerikanische Supermärkte. Der einstige Ladenraum wurde erheblich verändert und wird seit längerer Zeit gastronomisch genutzt.

Galatea-Brunnen (Eugensplatz, I E5): Die Aussichtsplattform des Eugensplatzes bietet einen weiten Blick über die

Stadt, den auch die Meeresnymphe Galatea hat, die den monumentalen Brunnen auf dem Platz krönende Skulptur. Der Architekt und Bildhauer Otto Rieth entwarf den neobarocken Brunnen 1890 und schuf mit dem Erzgießer Paul Stotz die Bronzefigur, deren Modell die Berliner Schuhmachertochter Anna Sasse war. Die spärliche Bekleidung der Galatea erregte das Missfallen mancher Zeitgenossen.

Das **LOBA-Haus** (I E6) von Rolf Gutbrod, Gero Karrer und Ottmar Besenfelder wirkt unauffällig und ist doch einer der prägendsten Bauten der Stuttgarter Nachkriegszeit. Die Ästhetik des 1949/50 errichteten Gebäudes, einst Bürohaus der Süddeutschen Holzberufsgenossenschaft, war innovativ, denn es war Stuttgarts erster Bau mit einer Vorhangfassade. Die beiden Flügel laufen in spitzem Winkel aufeinander zu, die Gebäudeecke aber ist konkav geformt und bietet so einen interessanten Kontrapunkt zur Dynamik der beiden Fassaden. Auf dieser Hohlkehle war ursprünglich Werbung für die Bohnerwachsfirma LOBA angebracht, was dem Haus seinen Namen gab. Auf dem obersten Geschoss liegt eine zurückgesetzte Dachwohnung mit Terrasse unter einem prägnant hervorkragenden Dach. Brüstungen aus gewelltem Faserzement und vertikale gelbe Profilleisten verleihen der Vorhangfassade Leichtigkeit und Dynamik. Das sind Qualitäten, die für ein Bürohaus damals neu und unkonventionell waren.

Festsaalbau der Freien Waldorfschule Uhlandshöhe (I E5): Der Fabrikant Emil Molt gründete auf der Stuttgarter Uhlandshöhe die weltweit erste Waldorfschule; 1919 wurde sie eröffnet. Innerhalb des Komplexes von Schul-, Hochschul- und Verwaltungsgebäuden ist der Festsaal von besonderem Interesse. Er wurde 1975–77 von Johannes Billing, Jens Peters und Nikolaus Ruff erbaut und zeigt deutlich die der anthroposophischen Architekturlehre entsprechende Schaffung organischer Formen aus Beton und die Vermeidung rechter Winkel.

Wie ein Fels wirkt der Baukörper aus Beton, gewaltige Expressivität und Spannung ausstrahlend. Für den Eingangsbereich wurden Glas, Beton und Holz verwendet. Unabhängig vom anthroposophischen Bauideal ist das Gebäude ein hervorragendes Beispiel für ungewöhnliche und konsequent moderne Architektur.

Die **Domsingschule** (II E4) ist das Schulgebäude der Chöre der Domkirche St. Eberhard. Der Bau wurde nach Plänen von Karl Amann und Henning Volpp 2005/06 errichtet und hat eine klare kubische Grundform. Seine gelbe Ziegelfassade ist interessant geraten. Über dem Entree wölbt sich mit schwungvoller Rundung der große, zur Straße hin fensterlose Chorsaal weit über die Fassade hinaus. Darüber öffnet sich die Gebäudefront. Hinter einer feingliedrigen Gitterstruktur liegen in den obersten beiden Geschossen Wohnungen mit Balkonen. Die Ziegelfassade windet sich weiter durch das Gebäude hindurch in dessen Innenhof hinein.

Kolonie Ostheim (Lichtenstein-, Rotenberg-, Alfred-, Haußmannstraße): Ende des 19. Jh.s wuchs die Bevölkerung Stuttgarts rasant. Es galt, für die stark vergrößerte Arbeiterschaft bezahlbaren Wohnraum zu schaffen. Der Stuttgarter Bankier und Sozialreformer Eduard Pfeiffer ging diese Aufgabe konkret an, indem er 1866 den »Verein für das Wohl der arbeitenden Klassen« mitgründete und leitete. Dieser Verein ließ 1891–1903 im Stuttgarter Osten die Kolonie Ostheim errichten, vor allem für Arbeiter, Handwerker sowie einfache Angestellte und Beamte. Gebaut wurden 383 Häuser mit 1267 Wohnungen, deren Miete halb so hoch war wie in der 3 km entfernten Innenstadt. Ostheim war eine Kleinststadt mit Post, Schule, Polizeiposten, Bibliothek, Schwimmbad, Apotheke, Gaststätten und der 1899 erbauten neogotischen evangelischen Lukaskirche (Landhausstraße 149). Die Siedlung bildet ein langgestrecktes Rechteck mit zwei diagonal laufenden Stra-

Die Kolonie Ostheim 1895

ßen, der Teck- und der Landhausstraße, die sich am Eduard-Pfeiffer-Platz, dem Mittelpunkt der Siedlung, kreuzen. Dort steht der Jünglingsbrunnen (1913) von Karl Donndorf. Ausdrückliche Absicht der Architekten Friedrich Gebhardt, Karl Heim und Karl Hengerer war es, keine öden Mietskasernen zu errichten, sondern kleinere Häuser mit Gärtchen, und eine siedlungshafte Gleichförmigkeit der Bauten zu vermeiden. Es gibt zwar nur vier bauliche Grundtypen, doch die zwei- und dreigeschossigen Backsteinhäuser bieten mit unterschiedlichen Giebeln, Türmchen, Erkern und Balkonen ein vielfältiges, malerisches Bild. Die Kolonie Ostheim wurde im Krieg kaum zerstört und zeigt weitgehend noch ihre historische Gestalt.

Das **Leo-Vetter-Bad** (Landhausstraße 192) ist ein bemerkenswerter Bau der Stuttgarter Nachkriegsarchitektur. Es wurde von Werner Gabriel entworfen und 1956–60 errichtet. Die Eingangsfront des asymmetrischen Gebäudes ist im oberen Teil mit Glasbausteinen versehen, auf denen heiter-leichte metallene Flachplastiken von Cuno Fischer angebracht sind

(Fische und andere Meerestiere). Über der Eingangstür kragt ein weißer, blockhafter Aufsatz hervor, der die langgestreckte Fassade markant unterbricht. Zur Julienstraße hin liegt die Schwimmhalle mit großen Fensterflächen, die seit 1998 die ursprüngliche Glasbausteinfassade ersetzen. Über dem Kubus erhebt sich ein nierenförmiger, verglaster Dachaufsatz, durch den Tageslicht direkt bis zum Wasser des Schwimmbeckens dringt. Zugleich verleiht dieses Oberlicht, das an die Berliner Kongresshalle von Hugh Stubbins aus dem Jahr 1957 (»Schwangere Auster«) erinnert, dem Schwimmbad seine avantgardistische Ausstrahlung. Ein interessantes Gestaltungselement im Innern der Schwimmhalle sind die drei von einem Punkt aus schräg nach oben strebenden, schlanken Stützen der Hallendecke.

Evangelische Stadtpfarrkirche Stuttgart-Gaisburg (Faberstraße 17): Mit 27 Jahren gewann Martin Elsaesser den Wettbewerb für den Bau dieser Kirche. 1911–13 errichtet, ist sie eine der bedeutendsten deutschen Sakralbauten aus der Zeit am Vorabend des Ersten Weltkriegs. Sie tritt barock-klassizistisch auf. Das zweigeschossige Portal mit vier Pilastern wird von einem mächtigen Turm mit markanter Kehlung an den Ecken überragt. Zugleich aber ist der Putzbau modern, als Stahlbetonkonstruktion, vor allem aber durch ein innovatives Raumkonzept. In den rechteckigen Innenraum mit zweigeschossiger Empore ist eine oval angeordnete Kolonnade aus 14 ionischen Säulen eingefügt, die eine hohe Kuppel trägt. Weltlich-theaterhaft wirkt der so entstandene Zentralraum, der eine moderne Interpretation eines protestantischen Gotteshauses bedeutet, weil Altar, Kanzel und Taufstein in das Oval des Gottesdienstraums einbezogen werden. Der Chor wurde von Käte Schaller-Härlin mit biblischen Szenen aus dem Alten und Neuen Testament im Jugendstil ausgemalt, und auch Messingleuchten, Türen und Gestühl der Kirche zeigen

Merkmale des Jugendstils. Kanzel, Taufstein und Altar sowie die Außenskulpturen gestaltete Christian Scheuffele. Im Kirchenfoyer sind Figuren des spätgotischen Hochaltars der Vorgängerkirche aufgestellt, Maria mit der hl. Barbara, der hl. Odilie und dem hl. Jodokus sowie die *Gaisburger Apostelgruppe* mit Jesus und den Jüngern.

Villa Berg (Villa Berg 1): Durch eine Italienreise mit dem Architekten Christian Friedrich Leins erhielt der württembergische Kronprinz und spätere König Karl Anregungen für den Bau einer Villa suburbana italienischen Typs. Eine solche wurde 1845–53 nach Entwürfen Leins' als Sommersitz für Karl und seine Ehefrau, die Zarentochter Olga, errichtet. Die Villa im Stil der römischen und toskanischen Renaissance war eines der ersten historistischen Bauwerke in Stuttgart und eine Art Prototyp für Villen wohlhabender Bürger der Stadt. Der zweigeschossige Bau in gelbem Sandstein erhebt sich auf einem früheren Weinberg in einem großen Landschaftspark über einem Sockel aus rotem Flachrustika-Mauerwerk. Die vier Fassaden mit reicher Renaissance-Ornamentik sind unterschiedlich gestaltet, erhalten aber einen formalen Zusammenhalt durch Ecklisenen sowie durch umlaufende Kranzgesimse und Terrassenbalustraden. Im Krieg wurde die Villa stark beschädigt. Nach dem Krieg wurde sie vereinfacht wiederhergestellt. Die Attiken, die den Gebäudeecken den Charakter von Ecktürmen verliehen, existieren nicht mehr. Von den vielen Bauten im Park ist nur ein kleines klassizistisches Belvedere erhalten. Neuer Besitzer ab 1950 und bis 2007 war der Süddeutsche Rundfunk, der das Gebäude für Senderäume und Konzerte nutzte. Den großen, holzgetäfelten Sendesaal mit einer schwungvollen weißen Deckenkonstruktion gestaltete Egon Eiermann. Die Stadt Stuttgart als derzeitige Inhaberin möchte die Villa bis 2028 zu einem »Offenden Haus für Musik und Mehr« umgestalten.

SWR Funkhaus (Neckarstraße 230): Drei dynamisch gegeneinander gesetzte Gebäude (1972–77), fünf-, neun- bzw. 14-geschossig, von Rolf Gutbrod, sind der Standort Stuttgart des Südwestrundfunks. Der SWR-Intendant hat hier zudem seinen Sitz. Das kühl-sachliche Erscheinungsbild der drei Bauten wird durch blau-silberne Vorhangfassaden filigran aufgelockert. In starkem, reizvollem Kontrast zu den klaren Kuben stehen der Studiosaal, ein polygonaler Bau mit Kupferhaut, und ein zerklüfteter Gebäudeteil mit Aufnahmestudios, dessen Sichtbetonwände mehrfach geknickt sind. 2011 wurde an das Funkhaus ein vom Büro struhkarchitekten entworfener Neubau mit langgezogenen Fensterbändern angegliedert.

Ehem. Telegrafen-Bauamt (II F3): Das 1929/30 errichtete Gebäude wurde von dem Postbaurat Otto Oßwald entworfen, der nicht mit dem gleichnamigen Erbauer des Tagblatt-Turms identisch ist. Doch wie der Tagblatt-Turm zeigt auch dieser Bau charakteristische Merkmale des Internationalen Stils. Oßwald hat zwei sehr klar und reduziert gestaltete Flachdachbauten miteinander verbunden, ein siebengeschossiges Gebäude mit einem viergeschossigen, dessen Ecken abgerundet sind. Beide Fassaden zeigen durch viereckige Pfeiler unterbrochene Fensterbänder, deren Horizontalität aber von durchgehenden auskragenden Fensterbänken unterstrichen wird. 1945–76 Sitz des Süddeutschen Rundfunks, beherbergt das Gebäude seit 1977 die Stuttgarter Staatsanwaltschaft.

Von Bad Cannstatt in die weitere Umgebung

Der **Rosensteinpark** ist einer der bedeutendsten englischen Landschaftsgärten Süddeutschlands. In ihm liegt das **Schloss Rosenstein** (Rosenstein 1), das 1824–29 von Giovanni Salucci als Sommerresidenz für König Wilhelm I. von Württemberg entworfen wurde. Seit 1954 ist die biologische Sammlung des **Staatlichen Museums für Naturkunde** darin untergebracht. Der symmetrische Sandsteinbau umschließt zwei Innenhöfe, die heute für die Museumsfunktion überdacht sind. Stilistisch ist das langgestreckte, eingeschossige Gebäude mit Sockel und Attika vom englischen Palladianismus beeinflusst. Die Hauptfassade prägt ein mittiger Portikus mit sechs ionischen Säulen und Dreiecksgiebel, zu dem eine Treppe und zwei seitliche Zufahrtsrampen hinaufführen. Weitere Portiken und Loggien mit toskanischen Säulen gliedern die vier Fassaden. Im Zweiten Weltkrieg wurde das Innere des Schlosses zerstört, nur Fest- und Speisesaal blieben erhalten. Im ehem. Festsaal mit seinen ionischen Kolonnaden ist noch der originale *Vierjahreszeitenfries* mit ländlichen Genreszenen zu sehen. Zwei Löwen und sechs Kandelaber von Albert Güldenstein schmücken den Treppenaufgang vor der Hauptfassade, davor ist eine Kopie der Skulptur *Wasser- und Wiesennymphe* von Johann Heinrich Dannecker aufgestellt. Am nordwestlichen Eingang des Rosensteinparks flankieren zwei Wachhäuschen (1834) das von einer Löwenfigur bekrönte **Löwentor** (Architekt: Johann Michael Knapp). Unweit des Tors befindet sich das nach Plänen der Architekten Siegel, Wonneberg und Partner 1981–85 errichtete zweite Gebäude des Staatlichen Museums für Naturkunde, das **Museum am Löwentor** mit Exponaten der Paläontologie und Geologie. Der unregelmäßig polygonale Bau liegt zu 40 % unter der Erde.

Stauwehr mit Kraftwerk Bad Cannstatt (Am Leuzebad 22): Ab 1926 wurde der Neckar zur Großschifffahrtsstraße ausgebaut und es entstanden Staustufen mit Bauwerken. Bei der Neckar-Staustufe an der König-Karls-Brücke im Stadtbezirk Bad Cannstatt steht ein Wasserkraftwerk. Kubische Form, Flachdächer und Fensterbänder zeigen typische Merkmale der Neuen Sachlichkeit, doch mit einem parabolischen Bogen weist der Bau auch ein expressionistisches Stilmerkmal auf. Mit dem Kraftwerk verbunden ist ein spitz zulaufendes, schiffsbugartiges Seitenelement der Staustufe, das einen spannungsvollen Kontrast zu dem Kubus des Kraftwerks bildet. Bemerkenswert ist, dass die 1927–30 entstandene Staustufe von Paul Bonatz entworfen wurde, einem der Repräsentanten der traditionalistischen Stuttgarter Schule: Bei technischen Bauwerken wie hier arbeitete dieser anders als bei Wohnbauten, bisweilen im Stil des Neuen Bauens.

Wilhelma: Der zoologisch-botanische Garten in Bad Cannstatt geht auf ein orientalisierendes Refugium des württembergischen Königs Wilhelm I. zurück. Es wurde 1842–64 neben dem Rosensteinpark errichtet – ein Landsitz mit Gewächshäusern und diversen Nebengebäuden inmitten einer Parklandschaft. Von Karl Ludwig Wilhelm von Zanth, der bis auf die Damaszenerhalle alle Bauten entworfen hat, wurde ein maurischer Stil erwartet, der ein Bedürfnis nach Exotik bedienen sollte. Nach dem Ende der Monarchie 1918 entstand ein botanischer Garten, nach dem Zweiten Weltkrieg auch ein Zoo. Trotz massiver Kriegszerstörungen 1944 sind noch einige Bauten ganz oder teilweise erhalten, so der achteckige **Eingangspavillon** (1846) der Wilhelma an der Neckartalstraße. Seine Säulen bestehen wie die Bauelemente der Gewächshäuser neben dem Pavillon aus vorfabrizierten Gusseisenteilen, damals eine hochmoderne Fertigungsweise. Kern der historischen Anlage ist der hippodromartig geformte **Maurische Garten** (1846), dessen Mitte ein runder Seerosenteich bildet. Am Rand des Gartens steht das teilweise erhaltene **Maurische Landhaus** (1842), und direkt gegenüber nur noch ein Teil des Eingangsportals des 1851 eröffneten Festsaals. Ein **Wandelgang** mit Fliesen im maurischen Stil verbindet Landhaus und Eingangsportal. Unzerstört erhalten sind das **Belvedere** (1851) in maurischem Stil mit Kuppel und drei Apsiden, von dem aus

Die Wilhelma, wie sie eigentlich gedacht war: ein Rückzugsort für Wilhelm I. Zeichnung von 1855

man bis zur Grabkapelle auf dem Württemberg (s. S. 156) schauen kann, und die **Damaszenerhalle** (1864) von Wilhelm Bäumer, deren üppig ornamentiertes Fenster über dem Eingang deutlich eine orientalisierende Ästhetik zeigt. Namhafte Architekten entwarfen Gebäude für die Tiere und Pflanzen, wie das **Raubkatzenhaus** oder den **Bau für Elefanten und Nashörner** (Max Rasser und Tibère Vadi, beide 1968), das **Amazonienhaus** (Auer Weber Architekten, 1999) und das **Menschenaffenhaus** (Hascher Jehle Architekten/Möhrle + Partner Landschaftsarchitektur, 2013).

Das 1840 ebenfalls nach Plänen von Zanths erbaute **Wilhelma-Theater** (Neckartalstraße 9) ist ein klassizistischer Bau. Vor der Fassade mit einem dreiachsigen Mittelrisaliten zwischen zwei Skulpturennischen steht eine ebenfalls dreiachsige Vorhalle. Das Innere des Theaters ist im farbenfrohen »pompejanischen« Stil ausgemalt, der von Zanths Vorstellung von einer Antike der starken Farbgebung entsprach. Das Theater ist heute Spielstätte der Staatlichen Hochschule für Musik und Darstellende Kunst.

Kursaal Cannstatt (Königsplatz 1, Bad Cannstatt): Stuttgart verzeichnet das europaweit zweitgrößte Mineralwasservorkommen nach Budapest. Im 19. Jh. war Cannstatt mit seinen Mineralquellen ein internationaler Kurort. Nikolaus Friedrich von Thouret entwarf 1828–42 den **Großen Kursaal**, einen langgestreckten klassizistischen Bau, den ein Mittelrisalit mit einer halbkreisförmigen dorischen Säulenvorhalle gliedert. Architekt des benachbarten **Kleinen Kursaals** (1907–09) war Albert Eitel. Ein gläserner Wandelgang (2013) der EMT Architektenpartnerschaft verknüpft die beiden Gebäude.

Im **Kurpark** liegt die **Gottlieb-Daimler-Gedächtnisstätte** (Taubenheimstraße 13): Gottlieb Daimler gestaltete das Gartenhaus seiner Villa zu einer Werkstatt um und baute darin mit Wilhelm Maybach in den 1880er Jahren kleine Verbrennungsmotoren, darunter 1883 den ersten schnell laufenden Verbrennungsmotor. Die Villa wurde im Krieg zerstört, nur das Gartenhaus ist erhalten, heute ein Museum.

Travertinsäulen (Neckartalstraße 225): Beim Heizkraftwerk Münster ist eine architektonische Kuriosität zu besichtigen – 14 Travertinsäulen von 15 m Höhe in antikisierendem Stil. Ihre Fertigung wurde 1936 bei dem damaligen Steinbruch Lauster für ein Mussolinidenkmal in Berlin in Auftrag gegeben, aber wegen des Kriegsausbruchs 1939 nie abgeholt.

♦ Die spätmittelalterliche, fast unverändert erhaltene **Veitskapelle** in Mühlhausen (Meierberg 16) ist eine der ältesten und bedeutendsten Kirchen Stuttgarts. Ihr Stifter Reinhard von Mühlhausen arbeitete in Prag als Finanzfachmann für Kaiser

Karl IV. Erbaut wurde die heute evangelische Kirche 1380–85. An das einschiffige, flach gedeckte Langhaus schließt sich östlich ein polygonaler Chor mit Kreuzrippengewölbe an, im Westen ein Turm. Das Faszinierende an der Veitskapelle ist die opulente Ausstattung, die mit Wandmalereien und den Fassungen von Decke und Empore das beeindruckend farbenprächtige Bild einer mittelalterlichen Kirche vermittelt. Der aus der Werkstatt des Prager Meisters Theoderich stammende Hauptaltar (1385) ist seit 1902 im Besitz der Staatsgalerie. Heute steht im Chor ein gotischer Flügelaltar von 1510 mit einem aufwendigen Gesprenge und Figuren der Heiligen Veit, Wenzeslaus, Sigismund, Hippolytus und Modestus. Im Chorgewölbe sind Christus und Maria, die geflügelten Evangelistensymbole, Kirchenväter und Engel mit Posaunen zu sehen. Das *Jüngste Gericht* ist auf der Chorseite des Triumphbogens dargestellt – rechts droht der aufgesperrte Rachen der Hölle, links öffnet Petrus den Seligen den Himmel. An den Chorwänden zeigen zwölf 1428 entstandene Bilder das Leben des hl. Veit. Auf der Triumphbogenwand des Langhauses sind Propheten und Apostel auf bunten Bildfeldern (um 1385) abgebildet, im Kirchenschiff stellt ein Zyklus Szenen aus dem Alten und Neuen Testament dar.

Nur eine Stadtautobahn trennt das **Mercedes-Benz Museum** (Mercedesstraße 100) in Bad Cannstatt vom Mercedes-Benz Werk in Untertürkheim mit der Konzernzentrale der Daimler AG. Der organoide, elegante Museumsbau mit souveräner Ausstrahlung ragt aus einem heterogenen Großstadtareal mit Gewerbe- und Veranstaltungsbauten empor. Er wurde 2003–06 nach einem Entwurf von Ben van Berkel, Caroline Bos und Tobias Wallisser errichtet. Fensterbänder vor markanten schrägen Betonsäulen wechseln in dynamisch-schwingender Form mit aluminiumverkleideten Bändern ab. Das vom Architekturbüro hg merz gestaltete Innere des Museums ist

Das Mercedes-Benz Museum mit seiner dynamisch-schwingenden Außenhaut

wie eine Doppelhelix angelegt. Von oben nach unten können die Besucher auf miteinander verschlungenen Wegen entweder sieben »Mythosräume« mit historischen Etappen der Marke Mercedes-Benz besuchen oder durch fünf »Collectionsräume« mit Themen gehen, die mit bestimmten Fahrzeugen verknüpft sind (darunter die »Galerie der Reisen« oder die »Galerie der Lasten«). Der Besucher kann auf jeder der neun Ausstellungsebenen den Rundgang wechseln. Zu sehen sind über 160 Fahrzeuge.

◆ **Grabkapelle auf dem Württemberg** (Württembergstraße 340): Das kompakte klassizistische Gebäude sitzt auf einem Hügel im fast dörflich wirkenden Stuttgarter Vor- und Weinort Rotenberg. Auf dieser Erhebung hatte sich ab 1083 die württembergische Stammburg befunden, deren Überreste König Wilhelm I. von Württemberg 1819 schleifen ließ. Seine Gattin, die Zarentochter Katharina Pawlowna, war in diesem

Jahr im Alter von 30 Jahren verstorben, und sie wollte auf dem Gelände begraben werden. Als Mausoleum errichtete der württembergische Hofbaumeister Giovanni Salucci 1820–24 einen Zentralbau, der an Andrea Palladios Villa Rotonda bei Vicenza erinnert. Drei ionische Säulenportiken mit Freitreppen sind dem Rundbau vorgelagert, eine Apsis an der Ostseite nimmt die Portiken formal wieder auf. Über dem Haupteingang ist eine Inschrift angebracht: »Die Liebe höret nimmer auf.« Den Innenraum der russisch-orthodoxen Kapelle gliedern korinthische Säulen und Pilaster, die kassettierte Kuppel mit zentralem Oberlicht hat das Pantheon in Rom zum Vorbild. In Wandnischen stehen Statuen der vier Evangelisten in Überlebensgröße aus Carrara-Marmor von Johann Heinrich Dannecker (*Johannes*) und nach Entwürfen Bertel Thorvaldsens von seinen Schülern Johannes Leeb (*Matthäus*), Theodor

Inmitten von Weinbergen: die Grabkapelle auf dem Württemberg

Wagner (*Lukas*) und Johann Nepomuk Zwerger (*Markus*). In der Mitte des Fußbodens der Kapelle ist ein gusseisernes Gitter eingelassen, eine Verbindung zur Gruft darunter mit den Sarkophagen von Wilhelm I., Katharina und der gemeinsamen Tochter Marie (1816–1887). Das ebenfalls von Salucci entworfene Priesterhaus der Grabkapelle wurde von Peter Zürn zum Besucherzentrum umgestaltet, das 2017 eröffnet wurde. Von der Grabkapelle aus bietet sich ein weiträumiger Blick auf das industrielle Stuttgart, auf Neckarstadion und Mercedes-Benz Museum.

Ludwigsburg und Marbach am Neckar

Ludwigsburg

1704 wurde der Grundstein des Ludwigsburger Schlosses gelegt, 1709 beschloss Herzog Eberhard Ludwig die Anlage einer Stadt in unmittelbarer Nähe zum Schloss. Kurz nach der Residenzverlegung von Stuttgart nach Ludwigsburg 1718 erhob er Ludwigsburg zur dritten Hauptstadt Württembergs (nach Stuttgart und Tübingen). Für den Hauptstadtrang war es von Bedeutung, dass Schloss und Stadt zusammen ein barockes Ensemble bildeten. Zudem galt es, Wohnraum für Hofbedienstete und Handwerker zu schaffen. Ab 1715 war Donato Giuseppe Frisoni für die Planung der »Ludwigstadt«, der einzigen barocken Planstadt Altwürttembergs und späteren Altstadt, verantwortlich. Zwei bereits in der Barockzeit angelegte, sich kreuzende Achsen prägen bis heute das Zentrum: Schloss- und Stuttgarter Straße von Nord nach Süd, Wilhelm- und Schorndorfer Straße von West nach Ost. Parallel zur Schlossstraße konzipierte Frisoni eine weitere Achse als Rückgrat der rasterförmigen Stadtanlage: die Abfolge von rechteckigem Marktplatz und Holzmarkt, einem um 45 Grad gedrehten Viereck. Für den Hausbau gab es Vorschriften. Der Grundtypus war ein zweigeschossiges Traufenhaus, das bei Geländeabfall dreigeschossig sein durfte, und es war eine einheitliche Gebäudehöhe vorgeschrieben. Die Häuser mussten »uniform angestrichen« und ohne Zwischenräume nebeneinander gebaut werden. Das Erdgeschoss war massiv gebaut, das Obergeschoss in verputztem Fachwerk ausgeführt. Zum Ludwigsburger Stadtzentrum s. S. 169.

Residenzschloss: Herzog Ludwig bestieg 1693 mit 16 Jahren den württembergischen Thron. Im Spanischen Erbfolgekrieg (1701–14) war er als Militär erfolgreich und wurde 1707 zum Generalfeldmarschall des Schwäbischen Reichskreises ernannt. Er strebte eine Rangerhöhung zum Kurfürsten an, und mit diesem Ehrgeiz ist die Erweiterung des Ludwigsburger Schlosses von einem Jagdschloss zu einem der größten Barockschlösser Europas verknüpft. Doch erst Herzog Friedrich II. wurde 1803 Kurfürst, und so hat die gewaltige Ludwigsburger Schlossanlage mit ihren 452 Räumen angesichts der Bedeutung des Herzogtums Württemberg während der Regentschaft Eberhard Ludwigs etwas Maßloses.

Der von Philipp Joseph Jenisch entworfene Fürstenbau, das heutige **Alte Corps de Logis**, wurde 1704–09 als Jagdschloss erbaut. Jenischs Nachfolger ab 1707, Johann Friedrich Nette, erweiterte den Bau zu einer Dreiflügelanlage: Im Westen entstanden 1708–13 der **Ordensbau** und im Osten der **Riesenbau**. Nach Nettes Tod 1714 wurde der Stuckateur Donato Giuseppe Frisoni neuer Bauleiter und blieb es bis 1733; ab 1717 wurde er von einem Neffen, dem Baumeister Paolo Retti, unterstützt. 1713–16 wurde der **Jagdpavillon** als westliche Ergänzung des Corps de Logis gebaut. 1715/16 fügte Frisoni auf der östlichen Seite den **Spielpavillon** hinzu. Als außen an die Flügel angesetzte Zentralbauten entstanden **Schlosskapelle** (1716–23) und **Ordenskapelle** (1719–22). Bei Verlegung der württembergischen Residenz nach Ludwigsburg 1718–33 wurden Gebäude für Hofbeamte notwendig: 1715–22 baute Frisoni den **Östlichen** und den **Westlichen Kavalierbau** als Erweiterung der Flügel. 1724–33 wurde dem Ursprungsbau des Schlosses, dem Alten Corps de Logis, ein deutlich größeres Gebäude gegenübergestellt, das **Neue Corps de Logis**, das dem Rang des Schlosses als neue württembergische Residenz mit ihren zeremoniellen Erfordernissen Genüge tun sollte. Der Neubau wurde mit den Kavalierbauten durch die **Bildergalerie** im Westen und die **Ahnengalerie** im Osten verbunden – so entstand eine

Vierflügelanlage. Über die Durchfahrten in den Galerien gelangte man in den nun geschlossenen Innenhof des Gesamtbaus. Als weitere außen an die Gesamtanlage angeschlossene Bauten wurden 1729–33 der **Festinbau** und der **Theaterbau** errichtet. Im Todesjahr Herzog Eberhard Ludwigs 1733 war der Gesamtbau im Wesentlichen vollendet, nur im Innern wurden noch Ergänzungen und später Veränderungen vorgenommen.

Die Innenausstattung des Schlosses war auf internationalem Niveau. Neben Formen des österreichisch-böhmischen Spätbarock zeigen die Räume die Ornamentik des Bandelwerks, aus geschwungenen Bänder- und Schlingenformen gebildete Wand- und Decken-Stuckaturen. 1758/59 gestaltete Hofbaumeister Philippe de La Guêpière im Neuen Corps de Logis das Appartement Herzog Carl Eugens im Stil des späten Rokoko. 1764–75 wurde die württembergische Residenz erneut nach Ludwigsburg verlegt. Herzog Friedrich II., ab 1806 als Friedrich I. König von Württemberg, erklärte das Schloss 1798 zu seiner Sommerresidenz. Für klassizistische Umgestaltungen in Ordenssaal, Ordenskapelle und Theater sowie im Neuen Corps de Logis war 1802–24 der Hofbaumeister Nikolaus Friedrich von Thouret verantwortlich, der sich am französischen Empire orientierte. Nach dem Tod Friedrichs I. 1816 bewohnte kein württembergischer Herrscher mehr das Schloss; es wurde von Behörden genutzt und ist seit 1919 als Museum zugänglich. Im Ordenssaal wurde 1819 die Verfassung des Königreichs Württemberg und 1919 die republikanische Verfassung des Volksstaats Württemberg verkündet. Dieser Saal wurde 1939/40 rebarockisiert, wie später, in den 1950er und 1960er Jahren, auch Räume im Alten Corps de Logis und im Riesenbau.

Von der Stuttgarter Straße aus betritt man das Schlossgelände und gelangt durch ein dreiteiliges Tor in den **Schlosshof** (1 – die Ziffern beziehen sich auf den Plan auf S. 162), der

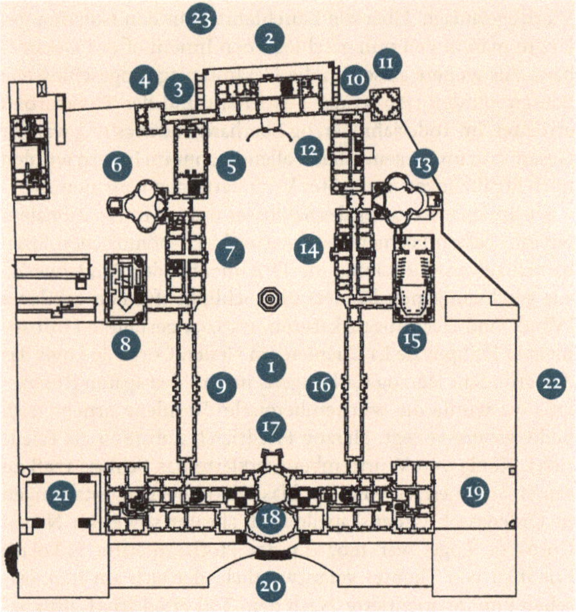

Schloss Ludwigsburg

1 Schlosshof
2 Alter Corps de Logis
3 Westliche Galerie
4 Jagdpavillon
5 Ordensbau
6 Ordenskapelle
7 Westlicher Kavalierbau
8 Festinbau
9 Bildergalerie
10 Östliche Galerie
11 Spielpavillon
12 Riesenbau
13 Schlosskapelle
14 Östlicher Kavalierbau
15 Schlosstheater
16 Ahnengalerie
17 Neues Corps de Logis
18 Marmorsaal
19 Mathildengarten
20 Südgarten
21 Friedrichsgarten
22 Ostgarten
23 Nordgarten

durch die Staffelung der Seitenflügel eine gewisse Belebung erfährt. Wer sich nun nach links (Norden) wendet, blickt auf das elfachsige Alte Corps de Logis (2). Seine Mittelachse ist durch Kolossalpilaster, einen Altan und das fürstliche Monogramm hervorgehoben. Hinter den Seitenflügeln – Ordens- und Riesenbau (5 und 12) – treten die Fassaden des Westlichen bzw. Östlichen Kavalierbaus (7 und 14) etwas zurück; zugleich ähneln die Fassaden mit ihren durch drei Geschosse betonten Mittelrisaliten dem Alten Corps de Logis, so dass eine optische Verbindung entsteht. Außerhalb der Flügel mit Zugängen zwischen Riesen- und Ordensbau und den daran anschließenden Kavalierbauten hat Frisoni Ordens- und Schlosskapelle (6 und 13) platziert. Die Außenfassaden von Bilder- und Ahnengalerie (9 und 16), die 1729 als Verbindungsstücke von Kavalierbauten und Neuem Corps de Logis errichtet wurden, sind jeweils durch Dreiecksgiebel über dem Mittelrisalit, durch dessen Erdgeschoss eine Durchfahrt unter drei Bögen läuft, besonders betont. Wer sich nach Süden wendet, blickt direkt auf das Neue Corps de Logis (17), einen mächtigen Bau mit 33 Achsen. Das Erdgeschoss öffnet sich zum Hof mit Arkaden, dem fünfachsigen Mittelrisalit ist ein Altan mit einer Unterfahrt vorgesetzt. Wegen des Geländeanstiegs hat die Hofseite drei, die Gartenseite hinter dem Bau nur zwei Geschosse. Die fünf zentralen Achsen des elfachsigen Mittelrisalits der Gartenseite sind zusätzlich durch eine Vorwölbung mit Kolossalpilastern betont. Im Gegensatz zu der repräsentativen Hofseite wirkt die Gartenseite ländlich-heiter und harmoniert gut mit dem Park.

In der Beletage des **Alten Corps de Logis** (2) liegt in einer Enfilade zum Hof hin das **Appartement des Herzogs Eberhard Ludwig**. Das Vorzimmer schmückt ein Deckenfresko mit unglücklichen Liebespaaren der Antike, im Audienzzimmer ist das Deckenfresko *Aurora und Phöbus vertreiben die Nacht* zu sehen (beide von Johann Jakob Stevens von Steinfels,

1709/10). Für das Spiegelkabinett und Schlafzimmer schuf Frisoni 1711–13 Teile der Decke und Wandstuckaturen. Im Erdgeschoss lebte 1716–30 Christina Wilhelmina von Grävenitz, 1706–31 Mätresse des Herzogs mit einflussreicher Stellung am Hof. Im zweiten Obergeschoss ist die **Barockgalerie** mit Gemälden des 17. und 18. Jh.s aus dem Bestand der Staatsgalerie untergebracht. Die **Westliche Galerie** (3) mit Plastiken von Diego Corleone (*Tugend*, *Gutes Regiment*, *Zeit*, *Wahrheit*) führt zum westlichen Eckbau, dem **Jagdpavillon** (4), dessen Marmorsaletta Giacomo Antonio Corbellini 1715/16 höchst opulent mit farbigem Stuckmarmor ausgestaltete. Intime Räume des Pavillons sind das Marmorkabinett sowie das Boiserienkabinett, in dem der damaligen »Turquerie«, der Türkenmode, gehuldigt wird, und auch das Lackkabinett, ein Beispiel für die Chinamode des Hochbarock. Zum östlichen Teil des Alten Corps de Logis s. S. 160.

Wer sich zuerst den Bauten im Westen zuwendet, gelangt in den **Ordensbau** (5), den westlichen Flügel des Alten Corps de Logis. Darin erhebt sich der **Ordenssaal** über eineinhalb Geschosse. Eine Scheinarchitektur von Giuseppe Baroffio umrahmt ein Deckenfresko (1731) von Pietro Scotti mit einer Allegorie der fürstlichen Tugenden. Thouret gestaltete 1807 den Thron König Friedrichs I. mit Baldachin. Die **Ordenskapelle** (6), ursprünglich als Festsaal für den herzoglichen Jagdorden vorgesehen, wurde 1746–48 zur evangelischen Hofkirche umgebaut. Bei einer erneuten Umgestaltung, zur Kapelle des Ritterordens des Goldenen Adlers durch Thouret 1807/08, erhielt der Innenraum ein Gestühl für die Ordensritter, eine neue Kanzel und eine Apsis für den Thron. Livio Retti malte 1747 die Decken aus, die Hauptkuppel zeigt das *Jüngste Gericht*; *Kreuzigung*, *Himmelfahrt* und *Pfingsten* sind Themen der Konchenkuppeln. Über den **Westlichen Kavalierbau** (7) erreicht man das **Modemuseum**, das im **Festinbau** (8) untergebracht ist und Kleidung und Accessoires ab dem 18. Jh. zeigt. Zu sehen sind Damenroben und Herrenanzüge europäischer Fürstenhöfe des Rokoko ebenso wie Stücke berühmter Designer des 20. Jh.s. An den Westlichen Kavalierbau schließt die **Bildergalerie** (9) an, deren barockes Deckenfresko von Pietro Scotti (1730/31) die Geschichte des Trojanischen Krieges erzählt, ferner zeigt die Galerie Gemälde und Bildwerke.

In der Beletage des Alten Corps de Logis liegt spiegelbildlich zu den Räumen des Herzogs Eberhard Ludwig das **Appartement**, das eigentlich für die Herzogin vorgesehen war, die aber vom Herzog getrennt in Stuttgart lebte. Zunächst bewohnte Wilhelmina von Grävenitz die Räume, ab 1716 die Erbprinzessin Henriette Marie von Württemberg. Die Deckengemälde stammen von Stevens von Steinfels (1709/10; Vorzimmer: *Diana mit Gefolge*, Audienzzimmer: *Schlafender Mars*). Die **Östliche Galerie** (10) ist mit aufwendigen Stuckaturen Riccardo Rettis geschmückt. Die Skulpturen von Gefangenen schuf Diego Francesco Carlone, das Deckenfresko von Luca Antonio Colomba zeigt den Sieg der Götter über die Giganten. Der östliche Eckbau, der **Spielpavillon** (11), hat in seinem Innern einen kreuzförmigen Grundriss mit vier Eckkabinetten; das heiter-verspielte Deckenfresko von Luca Colomba und Emanuel Wohlhaupter thematisiert die vier Jahreszeiten.

Wer sich nun den Bauten im Osten zuwendet, gelangt in den **Riesenbau** (12), den östlichen Flügel des Alten Corps de Logis. Diese Bezeichnung stammt von Andreas Philipp Quitteiners vier Atlanten an der Prunktreppe. In der Beletage liegen die **Appartements des Erbprinzen Friedrich Ludwig** und **des Prinzen und späteren Herzogs Carl Alexander**, Räume, die ab Ende des 18. Jh.s klassizistisch umgestaltet und nach dem Zweiten Weltkrieg rebarockisiert wurden. Die ursprünglich evangelische, zeitweise katholische, dann wieder evangelische (je nach Konfession des Fürsten) und heute katholische

Schlosskapelle (13), die fast vollständig im Zustand ihrer Bauzeit erhalten ist, zeigt eine für eine protestantische Kirche außergewöhnlich prächtige Gestaltung. Der Zentralbau mit drei kleeblattartig angefügten Konchen und der Fürstenloge über dem Eingang wird von einer Kuppel überwölbt, die Carlo Carlone mit dem Fresko *Verehrung der Heiligen Dreifaltigkeit* ausgemalt hat. Die Fresken von Luca Antonio Colomba in den drei Conchen zeigen *Die Aufrichtung der ehernen Schlange, Die Darbringung Christi im Tempel* und *Der zwölfjährige Christus im Tempel.* Rokokokanzel und Orgelprospekt in feiner Ausarbeitung schuf Louis Roger 1747. Das gegenüberliegende **Schlosstheater** (15) hinter dem **Östlichen Kavalierbau** richtete Philippe de La Guêpière 1758 als Logen-Rangtheater ein. Thouret gestaltete es 1811/12 in klassizistischem Stil mit graublauer Farbgebung um. Das Theater verfügt über eine der ältesten noch funktionstüchtigen Bühnenmaschinerien Europas von Johann Christian Keim (1721–1787; das kleine Theatermuseum im Östlichen Kavalierbau zeigt ein Modell der Maschinerie). Das Fresko *Huldigung der Künste und Wissenschaften an Herzog Eberhard Ludwig* (1731–33) von Carlo Carlone in der **Ahnengalerie** (16) ist ein herausragendes Zeugnis profaner Deckenmalerei des südwestdeutschen Barock. Eine Scheinarchitektur gliedert die 60 m lange Malerei in neun Teile. An den Stuckmarmorwänden hängen 24 ganzfigürliche Bildnisse von regierenden Herzögen und Königen von Württemberg und einigen Gemahlinnen der Fürsten.

Im **Neuen Corps de Logis** (17) sind Vestibüle und Treppenhäuser aus der Bauzeit 1724–33 und das Appartement Carl Eugens (1758/59) erhalten; die übrigen Räume wurden 1802–24 von Thouret klassizistisch neugestaltet. Zimmer, Säle und Galerien sind symmetrisch angelegt, die Etagen sind durch vier Treppenhäuser verbunden; das Zentrum des Gebäudes durchziehen zwei prächtige, symmetrisch angelegte Treppenhäuser: das **Treppenhaus des Königs** mit bronzierten Stuckfiguren antiker Paare (1730–33) von Diego Carlone und das **Treppenhaus der Königin** mit Skulpturen, die Herrschertugenden personifizieren. Der querovale **Marmorsaal** (**18**) wurde von Thouret unter Beibehaltung der Pilaster Frisonis verändert. In einem Attikageschoss stehen Koren nach Entwürfen Johann Heinrich Danneckers. Das Deckenfresko von Jean Pernaux eröffnet einen weiten Himmel mit Vögeln. In der Beletage des westlichen Teils des Baus liegen die zwölf Räume des von Thouret 1802–11 umgestalteten **Appartements des Königs**. Im Audienzzimmer König Friedrichs I. dominiert die Farbe Rot; der rotsamtene Thron ist von einem roten Himmel überdacht. Die Decke hat einen mandelförmigen, rosa geranderten Mittelteil. Groteskenmalereien von Victor Heideloff und Jean Pernaux (1810) verleihen dem Registraturzimmer ein kühles und zugleich verspieltes Fluidum. Im Toilettezimmer ist das spätbarocke Wanddekor von Joseph Maximilian Pöckhl (um 1731/32) noch teilweise erhalten. In der Beletage des östlichen Gebäudetrakts befindet sich das elfräumige **Appartement der Königin**. Das Audienzzimmer ähnelt in seiner Farbigkeit dem Audienzzimmer des Königs. Der Sockel des Throns von Königin Charlotte Mathilde hat allerdings eine Stufe weniger als der des Throns ihres Gatten. Das Arbeitszimmer der Königin ist ein Spiegelkabinett, dessen Wände Thouret 1818–22 mit grün marmorierten Pilastern sehr klar gegliedert hat. Ägyptisierende Pilaster (1824) finden sich im Schlafzimmer der Königin, ihr Sommerarbeitszimmer (1818) ist biedermeierlich gestaltet. (Wegen Restaurierungsarbeiten sind die Appartements von König und Königin bis 2026 nicht öffentlich zugänglich.) 1757–60 richtete de La Guêpière im zweiten Obergeschoss des Neuen Corps de Logis eine Wohnung neu ein: Das **Appartement Herzog Carl Eugens** bietet ein bezauberndes Rokoko-Interieur, eine der besten Raumgestaltungen der damaligen Zeit. In den »Neuen Zimmern« genoss die Hofgesellschaft Zerstreuung durch Konversation, Spiel und Musik. Das Zweite Vorzimmer schmücken aufwendige Stuckarbeiten von Giovanni Pietro Brilli und beeindruckende Schnitzereien von Michel Fressancourt. Für das Assembléezimmer schuf Brilli große Amouretten, auf Gemälden von Adolf Friedrich Harper sind Ruinenlandschaften mit galanten Szenen zu sehen. Fünf Gemälde mit Putten von Harper befinden sich im Eckzimmer, dessen Wandbespannung mit Vögeln und Blumen neu angefertigt wurde. Carl Eugen besaß viele kostbare französische Möbelstücke, die er bisweilen selbst auf Frankreich-Reisen erwarb. Im Eckzimmer steht ein Schreibschrank mit Bemalung und Bronzeapplikation von René Dubois (1770–75). Im Zweiten Kabinett gestaltete Brilli den Stuck gemäß der China-Begeisterung seiner Zeit exotisch. Im zweiten Obergeschoss ist auch das **Keramikmuseum** untergebracht, das Ludwigsburger Porzellan, italienische Majolika und Künstlerkeramik aus der Zeit vom Historismus bis zur Gegenwart zeigt.

Der **Schlossgarten** ist in Süd-, Nord- sowie Oberen und Unteren Ostgarten gegliedert und firmiert seit 1954 unter der Bezeichnung **»Blühendes Barock«**. Von den Parterres des barocken **Südgartens (20)**, 1709–33 nach Planungen von Johann Friedrich Nette und Donato Giuseppe Frisoni angelegt, und Veränderungen des Gartens ab 1760 ist heute fast nichts mehr erhalten: nur die Terrassierung und die Garteneinfriedung (1748/49) mit den drei Toren. Seit etwa 1800 ist der Südgarten in vier Teile mit einem ovalen Bassin in der Mitte gegliedert. Der Mittelteil wurde 1955/56 barockisierend umgestaltet, der Vorgarten des Neuen Corps de Logis ist später in den historischen geometrischen Formen der Zeit König Friedrichs I. wiederhergestellt worden. An den Kopfbauten des Corps de Logis liegen die königlichen Privatgärten aus der Zeit um 1800, westlich der **Friedrichsgarten** (21) und östlich der **Mathildengarten** (19). Der östliche Parkbereich wurde 1797–1805 als englischer Garten mit romantisch-verspielten Arrangements von Pflanzen und Bauten gestaltet. Zentrum des **Oberen Ostgartens** (22) ist der Schüsselesee, den historische Spielgeräte umgeben, darunter ein Karussell von Nikolaus Friedrich von Thouret. Weitere Bauten und Anlagen sind die künstliche Ruine eines Aquädukts mit Saalbau, ein kleiner Weinberg mit Weinberghaus von Thouret und der Japangarten. Paul Bonatz schuf 1910 den Monopteros mit einer Büste für David Friedrich Strauß von Ludwig Habich. Auf einem Felsen steht die romantische Emichsburg. Steil geht es in den **Unteren Ostgarten** hinunter, an den sich der **Märchengarten** anschließt. Vom Gärtnerhaus, einem ehem. Menageriegebäude, führt der Posilippo-Tunnel zu einer Orangerie und einer großen Voliere. Die barockisierende Broderie des **Nordgartens** (23) stammt aus dem Jahr 1961.

Sonstige Sehenswürdigkeiten in Ludwigsburg: In der Oberen Reithausstraße 8 befindet sich ein **Wohnhaus** als letztes gut erhaltenes Beispiel des von Frisoni entworfenen Typus eines bürgerlichen Hauses (s. S. 159), ein 1732 entstandener Putzbau mit Hofeinfahrt und mittigem Zwerchhaus.

Auf dem nahegelegenen **Holzmarkt**, den zweigeschossige Häuser aus dem frühen 18. Jh. umgeben, steht ein Obelisk aus Muschelkalk aus dem Jahr 1953 mit Porträtmedaillons zur Erinnerung an bedeutende Söhne Ludwigsburgs: Justinus Kerner, Eduard Mörike, David Friedrich Strauß und Friedrich Theodor Vischer.

Der von Frisoni konzipierte Ludwigsburger **Marktplatz** liegt 20 m höher als der Schlosshof. Laubengänge mit Korbbogenarkaden öffnen sich zu dem weiträumigen Geviert. Auf dem Platz steht ein **Brunnen** (1723/24, Paolo Retti) mit einem Standbild Herzog Eberhard Ludwigs (1728) von Carlo Ferretti

(Original im Schloss). Die **evangelische Stadtkirche**, an der westlichen Längsseite des Platzes, wurde 1720–26 nach einem Entwurf Frisonis erbaut und 1728–30 von Paolo Retti vollendet. Die beiden viereckigen Türme, die achteckig enden und von Laternen gekrönt sind, treten hinter der dreiteiligen Eingangsfassade mit ihren Kolossalpilastern zurück. Auf dem Volutengiebel des Mittelrisalits ist das von Engeln getragene herzogliche Wappen angebracht. Gegenüber der Stadtkirche steht die ehem. Reformierte Kirche, seit 1903 **Katholische Kirche zur Heiligsten Dreieinigkeit**, 1721–38 nach Entwürfen von Paolo Retti und Johann Leonhard Frey errichtet: ein Saalbau mit hohen Rundbogenfenstern, Giebeln an Eingangs- und Rückfront sowie einem eingezogenen Glockenturm.

Trotz baulicher Veränderungen und Neubauten der Nachkriegszeit zeigt das innerste Zentrum der Stadt um Marktplatz und Holzmarkt noch ein barockes Gesamtbild, das lediglich durch das 18-stöckige Marstall Center (1978) ganz nah beim Holzmarkt beeinträchtigt wird. In der Oberen Marktstraße 1–4 liegen in einer Reihe ehem. **Amtshäuser** aus den 1720er Jahren: das Tübinger, Ludwigsburger, Balinger und Stuttgarter Amtshaus. In der Wilhelmstraße 13 befindet sich das **Palais von Pöllnitz** (1727/28, Frisoni) mit Gartenpavillon und Musiktempel. Das **Palais Grävenitz** in der Marstallstraße 5 unweit des Holzmarktes entwarf Frisoni 1727/28 für Christina Wihelmina von Grävenitz, die Mätresse Herzog Eberhard Ludwigs. Ganz in der Nähe, in der Schlossstraße 29, steht der sog. **Grafenbau**, 1724/25 von Frisoni als Amtssitz des herzoglichen Ministers Friedrich Wilhelm von Grävenitz, eines Bruders Wilhelmina von Grävenitz', errichtet. Das repräsentative Rokoko-Palais ist mit seiner prachtvollen, schlossartigen Fassade ein Unikat unter den Ludwigsburger Wohnhäusern. Das Eckgebäude ein paar Häuser weiter (Schlossstraße 33) wurde 1707 als erstes großes Haus außerhalb des Schlosses von Johann Friedrich Nette erbaut: das ehem. **Gasthaus zum Waldhorn.**

Weitere Barockbauten sind in der **Mömpelgardstraße** erhalten, die entlang des Südgartens des Schlosses verläuft; das 1726 wohl von Paolo Retti entworfene **Wohnhaus** des Geheimen Finanzrates und Justizopfers Joseph Süß Oppenheimer (Nr. 18), das **Palais Sternenfels** (Nr. 24; 1710–13, Nette) und das **Maucler'sche Haus** (Nr. 26; um 1731/32), ein Palais, das wohl ebenfalls Paolo Retti errichtet hat. Palaisbauten säumen auch die **Schorndorfer Straße**, die die Mömpelgardstraße kreuzt. Das 1725/26 von Frisoni erbaute **Palais Schütz-Isengarten** (Nr. 26, 28, 36; heute Amtsgericht) wurde 1736 in ein Zucht-, Arbeits- und Militärwaisenhaus umgewandelt und um weitere Bauten ergänzt, u. a. um drei Zellentrakte mit **Anstaltskirche** (1752–54, Thouretallee 3) und das sog. **Dörfle** (1884–92, Hugo Assenheimer) an der Ecke Alt-Württemberg-Allee/Friedrich-Ebert-Straße, eine Siedlung für Bedienstete des Zuchthauses. Das Haus gegenüber (Schorndorfer Straße 25) entwarf Frisoni 1724 als sein eigenes Wohnhaus. Das **Palais von Schütz** (Nr. 42, 42/1, 42/2), 1713–18 von Nette und Frisoni erbaut, war ab 1758 Porzellanmanufaktur.

Um Ludwigsburg zu einer Garnisonsstadt zu machen, ließ Herzog Carl Eugen die bestehende »Ludwigsstadt« ab 1760 nach Süden hin um die **»Carlsstadt«** erweitern. Es entstanden Arsenal- und Karlsplatz mit Kasernenbauten. 1764 war Ludwigsburg die größte Garnison des Landes und blieb bis 1994 Garnisonsstadt. Im letzten Drittel des 19. Jh.s entstand südlich der Schorndorfer und östlich der Stuttgarter Straße ein regelrechtes **»Kasernenviertel«** mit teilweise nahezu monumentalen Kasernenbauten. 1875 machte die Garnison mit 4000 Mann fast 30 % der Stadtbevölkerung aus; Ludwigsburg wurde »Schwäbisches Potsdam« genannt. 1901–03 errichtete Friedrich von Thiersch an der Stuttgarter Straße 42 mit der evangelischen Garnisonskirche, heute **Friedenskirche**, einen regional bedeutenden Sakralbau des Historismus mit Bezügen zu preußischen Kirchen des 17. und 18. Jh.s. Den Turm des neobarocken Zentralbaus flankiert eine Vorhalle mit Säulen. Treppenaufgänge eines Vorbaus am Chor führen zu der früheren Königs- und zur sog. Generalsloge. Viele Kasernenbauten sind erhalten und werden neu genutzt, so das ehem. Artilleriedepot der Mathildenkaserne (1897–1908; Mathildenstraße/Alleenstraße/Gewächshausweg), in dem seit 1994 die **Filmakademie Baden-Württemberg** untergebracht ist.

Schloss Favorite (Favoritepark 1): Als das Alte Corps de Logis ab 1715 zur Residenz ausgebaut wurde, war es nicht mehr als Jagd- und Lustschloss geeignet. Für diese Zwecke entstand daher 1716–19 das Schloss Favorite, eines der bedeutendsten Barockgebäude dieses Bautyps in Süddeutschland, und zwar auf einer Anhöhe nördlich des Residenzschlosses, in dessen Hauptachse. Zur Bauzeit fungierte Schloss Favorite zum einen als »Point de vue«, Blickfang, vom Alten Corps de Logis aus, zum anderen als »Belvedere«, Aussichtspunkt, mit dem entgegengesetzten Blick auf das Residenzschloss. Dem Mittelbau des Schlösschens ist eine Treppenanlage vorgesetzt, deren zweiarmige, mehrfach geknickte Freitreppe zu einem von Hermen getragenen Altan hinaufschwingt, der zum ursprünglichen Eingang des in der Beletage liegenden Festsaals führt. Durch vier Eckpavillons mit Verbindungsgalerien gewinnt der Bau kraftvolle Konturen, vier Ecktürmchen mit Welschen Hauben auf der Dachterrasse des Mittelbaus setzen Leichtigkeit und eine gewisse Vertikalität dagegen. Damit gelingt eine ausgewogene Gesamtausstrahlung. Donato Giuseppe Frisoni hat das Lustschloss 1715 entworfen, sein Neffe Paolo Retti hat den Bau ausgeführt. Die gelb-rote Farbigkeit wurde bei der Restaurierung 1976–82 wiederhergestellt. 1799–1801 gestaltete der württembergische Hofbaumeister Nikolaus Friedrich von

Thouret die barocken Innenräume in klassizistischem Stil neu. Bereits 1798 wurden in den westlichen Zimmern nach einem Abschleifen der barocken Wandstuckaturen Papiertapeten angebracht. Die barocke Raumdekoration ist aber in den drei westlichen Räumen teilweise erhalten, so etwa Riccardo Rettis Deckenstuck. Das südwestliche Zimmer präsentiert sich mit dem vergoldeten Bandelwerkstuck Rettis und dem Deckengemälde Luca Antonio Colombas noch vollständig barock. Der Saal wurde nach einem Entwurf Thourets 1799 mit einer kühlen Dekoration in Weiß und Hellblau neu gestaltet. In vier Wandnischen sind Gipsfiguren der vier Jahreszeiten von Johann Heinrich Dannecker und Philipp Jakob Scheffauer aufgestellt. Die drei östlichen Zimmer sind durchgängig klassizistisch gestaltet. Die Wandbemalungen des nordöstlich gelegenen Jagdzimmers und die Darstellungen antiker Frauenfiguren im mittleren Raum stammen vermutlich von Thouret. Er entwarf auch die Bacchantinnen im pompejanischen Stil an den Wänden des südöstlichen Zimmers, dessen Kamin mit kleinen Tafeln aus Wedgwood-Porzellan geschmückt ist. Den das Schloss umgebenden Favoritepark durchquerend kann man über eine Allee in einer guten halben Stunde das Schloss Monrepos erreichen.

Schloss Monrepos ließ Herzog Carl Eugen von seinem Hofbaumeister Philippe de La Guêpière 1760–64 als »maison de plaisance« errichten, als Lustschloss für ungezwungene Geselligkeit in einem kleinen Kreis. Es liegt im Ludwigsburger Stadtteil Eglosheim nordwestlich des Residenzschlosses an einem kleinen See und ist in das axiale System der Barockalleen integriert. Zentrum des frühklassizistischen, eineinhalbgeschossigen Werksteinbaus ist ein dreiachsiger, überkuppelter Pavillon mit nach vorne schwingenden Seitenflügeln auf der Landseite, die auf der Seeseite hinter den ovalen, sich konvex vorwölbenden Pavillon zurücktreten. Das Deckengemälde im

Kuppelsaal schuf Nicolas Guibal. Nikolaus Friedrich von Thouret versah den Bau Anfang des 19. Jh.s mit einem Arkadensockel und gestaltete das Innere im Empirestil um. Das Schloss ist nicht zu besichtigen. Den Garten verwandelte Thouret in einen englischen Landschaftspark und legte auf dem See ein romantisches Arrangement von Inseln an. Auf der **Kapelleninsel** steht eine neogotische Kirche in verkleinertem Maßstab von Reinhard Fischer (um 1780; 1945 teilweise zerstört); die **Amorinsel** wird durch einen Y-förmigen Kanal dreigeteilt. Die Inseln dürfen nicht betreten, aber können per Boot umfahren werden.

Marbach am Neckar

Das 25 km von Stuttgart entfernte Marbach am Neckar wurde 972 zum ersten Mal urkundlich erwähnt und 1302 württembergisch. Die berühmtesten Persönlichkeiten der Stadt sind Friedrich Schiller (1759–1805) und der Mathematiker, Astronom und Kartograph Tobias Mayer (1723–1762). **Schillers Geburtshaus** mit Originalstücken aus seinem Leben und Wirken steht in der Niklastorstraße 31. In Mayers Geburtshaus (Torgasse 13), einem Fachwerkhaus aus dem Jahr 1711, befindet sich das **Tobias-Mayer-Museum**, das Webler + Geissler Architekten 2018 um einen entschieden modernen Kubus mit markant gegeneinander gesetzten horizontalen und vertikalen Fenstern ergänzten.

Die spätgotische **Alexanderkirche** (Am alten Markt 14) wurde ab 1450 erbaut und nach 1504 vollendet. Das Langhaus, eine Staffelhalle mit einem bunten, lebhaft wirkenden Rippensterngewölbe, lässt einen dynamischen Raumeindruck entstehen. Den deutlich höheren Chor von Aberlin Jörg überwölbt ein Maschennetzgewölbe. Im nördlichen Seitenschiff befindet sich ein großflächiges Christophorusfresko (um 1480). Die steinerne Kanzel wird von einer Stütze getragen, die als Baum der Erkenntnis mit Adam und Eva gestaltet ist.

Auf der **Schillerhöhe** liegt das **Deutsche Literaturarchiv Marbach**, eine der bedeutendsten Literaturinstitutionen der Welt. Es birgt rund 1400 Nach- und Vorlässe und Sammlungen von Schriftstellern und Wissenschaftlern, über 160 Bibliotheken von Autoren und Sammlern sowie eine Bibliothek von etwa 1 Mio. Bänden. Aufgabe des Literaturarchivs ist das Sammeln und Forschen, aber auch die öffentliche Präsentation von Archivalien in zwei Museen. Mit ihren Hauptgebäuden bietet die Schillerhöhe einen interessanten architekturgeschichtlichen Dreiklang. Das neobarocke **Schiller-Nationalmuseum**, 1902/03 von Ludwig Eisenlohr und Carl Weigle erbaut, orientiert sich stilistisch am Schloss Solitude. Die Lage auf einem Hügel über dem Neckar und der Pantheon-ähnliche Kuppelbau

Marbach: Literaturmuseum der Moderne (links) und Schiller-Nationalmuseum (rechts)

signalisierten eine Art literarische Weihestätte. Die Dauerausstellung wird derzeit überarbeitet und ab 2023 Friedrich Schiller und Eduard Mörike akzentuieren. Ernst Rau schuf 1876 das **Schillerdenkmal** gegenüber dem Museum. Das **Deutsche Literaturarchiv**, 1969–72 von Jörg und Elisabeth Kiefner sowie Wolfgang Lauber im brutalistischen Stil errichtet, ist ein nüchterner und gleichwohl eleganter Zweckbau. Dem 2006 eröffneten **Literaturmuseum der Moderne** von David Chipperfield gelingt mit schlanken Sichtbetonpfeilern, die das Obergeschoss umgeben, die Balance zwischen einer klassisch-tempelhaften Anmutung und moderner Strenge. Die Dauerausstellung im Untergeschoss, das mit Sichtbeton, Muschelkalk, Holz und Werkstein gestaltet ist, zeigt Manuskripte, Briefe und kleine Objekte. Außerdem finden Wechselausstellungen statt.

Museen in Stuttgart

Architekturgalerie am Weißenhof (Am Weißenhof 30): Wechselausstellungen zur Entwicklung der neueren und zeitgenössischen Architektur und Stadtplanung. Zum Bau s. S. 129 f. (www.weissenhofgalerie.de)

Bibliorama – Das Bibelmuseum Stuttgart (Büchsenstraße 37, I C5): Die modern-partizipative Ausstellung der Evangelischen Landeskirche präsentiert Geschichten aus dem Alten und Neuen Testament anhand von 14 Personen aus der Bibel. (www.bibelmuseum-stuttgart.de)

Carl-Zeiss-Planetarium: s. S. 36.

Das **Design Center Baden-Württemberg** des Regierungspräsidiums Stuttgart zeigt im Haus der Wirtschaft (I C5; zum Bau s. S. 90) Wechselausstellungen zum Thema Design. (www.design-center.de)

Das **Deutsche Landwirtschaftsmuseum** (Garbenstraße 9a und Filderhauptstraße 179) auf dem Campus der Universität Hohenheim (s. Übersichtskarte) zeigt die Entwicklung von einfachen landwirtschaftlichen Handgeräten zu moderner Agrartechnik. Sammlung historischer Landmaschinen und Traktoren. (www.dlm-hohenheim.de)

GEDOK – Gemeinschaft der Künstlerinnen und Kunstfreunde e. V.: Im Atelierhaus der GEDOK (II B4; zum Bau s. S. 139) mit Galerie und Konzertsaal finden Ausstellungen, Konzerte, Performances und Lesungen statt. (www.gedok-stuttgart.de)

Gottlieb-Daimler-Gedächtnisstätte: Im Gartenhaus der Villa Gottlieb Daimlers (1834–1900), das später von ihm als Werkstatt genutzt wurde (s. Übersichtskarte; s. S. 154) sind neben Zeichnungen, Fotos und Modellen das erste Motorboot (1886) und das Wölfertsche Luftschiff (1888) ausgestellt.

Das **Graevenitz-Museum** (Solitude 24) bei Schloss Solitude (s. Übersichtskarte) zeigt Werke des Bildhauers Fritz von Graevenitz (Rektor der Kunstakademie 1938–46). Auch eine Reihe von Skulpturen im öffentlichen Raum Stuttgarts stammt von ihm, der wegen einiger künstlerischer Arbeiten im Dienst der NS-Ideologie nicht unumstritten ist. (www.graevenitz-stiftung.de)

Das **Haus der Geschichte Baden-Württemberg** (I E5) zeigt neben Wechselausstellungen auch die Dauerausstellung »Landesgeschichte(n). Der deutsche Südwesten 1790 bis heute«, mit 1500 originalen Exponaten und dem Leitthema »Demokratisierung und Teilhabe«. Dazu gibt es einen Themenpark zu verschiedenen Facetten des Landes. (www.landesgeschichten.de)

Haus der Musik im Fruchtkasten (Schillerplatz 1; I C5–D5; zum Bau s. S. 59): Musikinstrumentensammlung des Landesmuseums Württemberg mit wertvollen Tasteninstrumenten des 17. bis frühen 20. Jh.s und anderen Instrumenten aus der Renaissance bis ins 19. und 20. Jh., mitsamt der mechanischen Musikerzeugung. Ein Klanglabor zeigt Varianten der Klangerzeugung. (www.landesmuseum-stuttgart.de)

Hotel Silber (I D6): Dauerausstellung zur Geschichte der Polizei in der Weimarer Republik, im Nationalsozialismus und im Nachkriegsdeutschland sowie Wechselausstellungen; s. S. 79. (www.geschichtsort-hotel-silber.de)

Die **ifa-Galerie** des Instituts für Auslandsbeziehungen (Charlottenplatz 17, I D6) zeigt Wechselausstellungen zu bildender Kunst, Design, Architektur und Fotografie der Gegenwart aus Afrika, Asien, Lateinamerika und Osteuropa. (www.ifa.de)

Künstlerhaus Stuttgart (I A7): Wechselausstellungen zu neuesten Entwicklungen in bildender Kunst, Architektur und Design. (www.kuenstlerhaus.de)

Das **Kunstmuseum** (I D5; zum Bau s. S. 63) beherbergt die

Werke der seit 1925 bestehenden Städtischen Kunstsammlung. Arbeiten daraus werden im Erdgeschoss und in den unterirdischen Räumen gezeigt, die 80 % der knapp 5000 m² Ausstellungsfläche ausmachen und keineswegs katakombenhaft, sondern weit und großzügig wirken. Nicht mehr genutzte Straßentunnelröhren wurden für diese Räume umgebaut. An der Decke der heutigen beiden Autotunnelröhren unter dem Schlossplatz ist die Arbeit *50 km/h* (2005) aus blauen Folienbahnen und Leuchtstoffröhren von Nikolaus Koliusis angebracht, die den Grundriss des Kunstmuseums nachbildet – man sieht sie nur bei der Durchfahrt vom Auto aus. Die Wechselausstellungen im ersten bis dritten Obergeschoss präsentieren einzelne Künstler und Themen. Dabei ist etablierte ebenso wie Gegenwartskunst zu sehen, und das Museum ist auch ein Ort für Newcomer-Präsentationen.

Die Sammlung enthält große Werkkomplexe wie etwa den größten Bestand von Werken Willi Baumeisters, 250 Arbeiten von Dieter Roth und den weltweit bedeutendsten geschlossenen Bestand von Arbeiten auf Papier und Gemälden von Otto Dix, darunter eines seiner Hauptwerke, das Tryptichon *Großstadt* (1927/28) mit seiner Kontrastierung sozialer Milieus. Weiter verfügt die Sammlung über Arbeiten von Künstlern aus Stadt und Region (darunter Christian Landenberger, Hermann Pleuer, Reinhold Nägele, Max Ackermann, Camill Leberer) und bedeutende Werke des 20. Jh.s (u. a. Oskar Schlemmer, Ida Kerkovius, Erich Heckel, Karl Hofer, Fritz Winter, Dieter Krieg, Walter Stöhrer, Markus Lüpertz). Max Bill, Anton Stankowski, Bridget Riley und Sarah Morris stehen neben weiteren Künstlern für die Konkrete Kunst. Plastische Arbeiten und Installationen stammen u. a. von Tony Cragg, Rebecca Horn und Franz West. Zu den Vertretern der Konzeptkunst zählen Karin Sander, Hans-Peter-Feldmann und Joseph Kosuth (dessen Leuchtschrift mit einem Hegel-Zitat am Stuttgarter Hauptbahnhof angebracht ist). Auch Nachkriegsgrafik, etwa von Erdmut Bramke und Thomas Müller, umfasst die Städtische Kunstsammlung. (www.kunstmuseum-stuttgart.de)

Kunstraum 34 (Filderstraße 34, I C8): Ausstellungen und Veranstaltungen zu zeitgenössischer Kunst und Musik. (www.kunstraum34.de)

Die **Kunststiftung Baden-Württemberg** (Gerokstraße 37, I F6) zeigt in Wechselausstellungen Arbeiten der bildenden Kunst von jungen Stipendiatinnen und Stipendiaten, die von der Kunststiftung gefördert werden. (www.kunststiftung.de)

Kunstverein Wagenhalle (Innerer Nordbahnhof 1): In den Wagenhallen mit hundert Ateliers und Werkstätten für Kunstschaffende finden im Projektraum Wechselausstellungen zu verschiedenen Kunstsparten und Veranstaltungen zur Stadtentwicklung statt. (www.kunstverein-wagenhalle.de)

Das **Landesmuseum Württemberg** im Alten Schloss (I D5; zum Bau s. S. 59) ist das größte kulturgeschichtliche Museum Baden-Württembergs. Im Ausstellungsbereich »Wahre Schätze« sind Exponate aus der Antike und aus frühkeltischen Prunkgräbern zu sehen, die Kunst- und Wunderkammer der Herzöge von Württemberg, ein Münzkabinett und Prunkuhren der Renaissance. Die Abteilung »LegendäreMeisterWerke« präsentiert Objekte und Kunstwerke aus Württemberg von der Steinzeit über die Zeit der Kelten, der römischen Herrschaft, der Franken, des Mittelalters, des Herzogtums und Königreichs Württemberg bis zum Ende der Monarchie 1918. In einem Kellergewölbe wird die Sammlung Ernesto Wolf mit Glaskunst von der Antike bis zum 19. Jh. gezeigt. (www.landesmuseum-stuttgart.de)

Linden-Museum (II C4): Die Dauerausstellung eines der größten ethnologischen Museen Europas zeigt die Vielfalt der Weltkulturen, mit Kunst und Alltagsobjekten aus Afrika, Amerika, Asien und Ozeanien, und bietet darüber hinaus

Wechselausstellungen. Zum Bau und zur Geschichte s. S. 92. (www.lindenmuseum.de)

Literaturhaus Stuttgart (Breitscheidstraße 4, I B5): Lesungen und Wechselausstellungen mit literarischen Themen. Zum Areal s. S. 96. (www.literaturhaus-stuttgart.de)

Mercedes-Benz Museum (Mercedesstraße 100, s. Übersichtskarte): Zu sehen sind über 160 Fahrzeuge, die mit Themen oder den historischen Etappen der Marke verknüpft werden. Zum Bau s. S. 155. (www.mercedes-benz.com/museum)

MUSE-O (Gablenberger Hauptstraße 130, s. Übersichtskarte): Wechselnde Ausstellungen zur Geschichte von Stuttgart-Ost. (www.muse-o.de)

Museum Hegel-Haus (I C6–D6): Geburtshaus von Georg Friedrich Wilhelm Hegel (1770–1831) mit einer Dauerausstellung zu Leben, Werk und Wirkung des Philosophen. Zum Bau s. S. 85. (www.stadtpalais.de/hegel-haus)

Porsche Museum (Porscheplatz 1, s. Übersichtskarte): 80 Fahrzeuge und 200 Kleinexponate. Zum Bau s. S. 139. (www.porsche.com/museum)

Das **Römische Lapidarium** (im Neuen Schloss, I B7) versammelt etwa 100 Steindenkmäler aus der Zeit, als Südwestdeutschland zu den römischen Provinzen Obergermanien und Rätien gehörte. (www.landesmuseum-stuttgart.de)

Staatliches Museum für Naturkunde: Das Museum Schloss Rosenstein (s. Übersichtskarte) zeigt die biologische Sammlung des Museums, das Museum am Löwentor (s. Übersichtskarte) paläontologische Exponate, darunter Funde von Plateosauriern, Säugetieren des Tertiärs und der 300 000 Jahre alte Schädel des Steinheimer Urmenschen sowie eine Bernsteinsammlung. Zu den Bauten s. S. 151. (www.naturkunde museum-bw.de)

Die **Staatsgalerie** (II E5; zur Geschichte und zum Bau s. S. 40) präsentiert Werke von der Altitalienischen Malerei des

14. Jh.s bis zur Gegenwartskunst. In der Abteilung Altdeutsche Malerei, deren Schwerpunkt die spätgotische Tafelmalerei Altschwabens bildet, sind Gemälde des Meisters von Meßkirch und Lucas Cranachs d. Ä. sowie Hans Holbeins d. Ä. Hauptwerk *Graue Passion* zu sehen. Die Niederländische Sammlung umfasst Werke von Jan van Goyen, Hans Memling, Rembrandt van Rijn und Peter Paul Rubens. Die Abteilung der italienischen Malerei von 1300 bis 1800 bietet Arbeiten von Giovanni Bellini, Vittore Carpaccio, Jacopo Tintoretto, Giuseppe Maria Crespi, Bernardo Strozzi, Giovanni Antonio Canal (gen. Canaletto), Giovanni Battista Tiepolo (Entwurf für das Deckenfresko der Würzburger Residenz) und Giovanni Paolo Pannini. Ein Raum ist dem *Perseus-Zyklus* des Präraffaeliten Edward Burne-Jones gewidmet. Das 19. Jh. ist vertreten durch Romantiker wie Caspar David Friedrich und Gustav Carus und südwestdeutsche Klassizisten (etwa Johann Heinrich Dannecker, Joseph Anton Koch und Christian Gottlieb Schick) sowie französische und deutsche Impressionisten und Realisten (u. a. Paul Cézanne, Lovis Corinth, Jean-Baptiste Camille Corot, Gustave Courbet, Edgar Degas, Paul Gauguin, Max Liebermann, Edouard Manet, Claude Monet, Auguste Renoir und Max Slevogt). Auch die wichtigsten Strömungen des 20. Jh.s wie Fauvismus, Kubismus, Expressionismus und Abstrakter Expressionismus, Blauer Reiter, Futurismus, Dada, Surrealismus, Neue Sachlichkeit, De Stijl, Pop Art, Farbfeldmalerei und Minimal Art sind vertreten. Die Staatsgalerie besitzt Werkgruppen u. a. von Ernst Ludwig Kirchner, Oskar Kokoschka, Pablo Picasso (darunter sein skulpturales Hauptwerk *Die Badenden*), Paul Klee, Max Beckmann, Oskar Schlemmer (u. a. das *Triadische Ballett* mit sieben Figuren), Alberto Giacometti und Josef Beuys (mit einem eigenen Raum). Zu sehen sind außerdem Werke von Henri Matisse, Amadeo Modigliani, Edvard Munch, Egon Schiele, Piet Mondrian, Max Ernst, Joan

Oskar Schlemmer, *Triadisches Ballett* (1922; Staatsgalerie)

Miró, Marcel Duchamps, René Magritte, Salvador Dalí, Otto Dix, Georg Grosz, Willi Baumeister, Jackson Pollock, Barnett Newman, Mark Rothko, Yves Klein, Francis Bacon, Andy Warhol, Robert Rauschenberg, Roy Lichtenstein, George Segal, Pierre Soulages, Robert Motherwell und Karl Otto Götz. Die Gegenwartskunst ab 1960 vertreten u. a. Georg Baselitz, Daniel Buren, Katharina Fritsch, Isa Genzken, Franz Gertsch, Katharina Grosse, Duane Hanson, Donald Judd, Anselm Kiefer, Imi Knoebel, Sigmar Polke, Thomas Schütte, Frank Stella, Antoni Tàpies, Wolfgang Tillmans, Rosemarie Trockel, Neo Rauch, Gerhard Richter und Bridget Riley. Die Graphische Sammlung birgt rund 400 000 Arbeiten von ca. 12 000 Künstlern von der Gotik bis zur Gegenwart. (www.staatsgalerie.de)

Das **Städtische Lapidarium** (I B7) versammelt Fragmente römischer Antiken sowie über 200 Plastiken und Überreste zerstörter oder abgerissener Stuttgarter Gebäude, etwa Konsolen, Schlusssteine, Torbogenfragmente und Grabplatten. Zur Anlage s. S. 104. (www.lapidarium-stuttgart.de)

Stadtmuseum Bad Cannstatt (Marktstraße 71A, Bad Cannstatt, s. Übersichtskarte): Im ältesten erhaltenen Wohnhaus des heutigen Stuttgart aus dem Jahr 1463 werden Facetten der Geschichte des ältesten und größten Stuttgarter Stadtteils gezeigt, darunter die Themen Cannstatt in römischer Zeit, Cannstatt als Neckarstadt, Literaturstadt und Badeort, Anfänge der Industrialisierung. Regelmäßige Sonderausstellungen zur Cannstatter Geschichte. (www.stadtpalais-stuttgart.de/museumsfamilie/stadtmuseum-bad-cannstatt)

Das **StadtPalais – Museum für Stuttgart** (I D6; zum Bau und zu seiner Geschichte s. S. 47) präsentiert die Stuttgarter Stadtgeschichte chronologisch und thematisch. Zentrum der vom Büro jangled nerves gestalteten Dauerausstellung ist ein großes Stadtmodell, auf dem über eine visuelle Projektion verschiedene Themen wie Verkehr, Wasserläufe, Bodenrichtwerte oder Frischluftschneisen durchgespielt werden. 16 Vitrinen präsentieren stadtgeschichtliche Ereignisse und Themen. In Regalen gelagerte Weißmodelle von Bauten und Objekten kann der Besucher auf eine runde Medienfläche stellen und dann Bilder und Texte zu den Modellen abrufen. Zwei Räume zur Stuttgarter Geschichte des 19. und 20. Jh.s präsentieren dingliche Exponate, Abbildungen und Filme. Die bauliche Stadtentwicklung ist anhand von Modellen und Fotos architekturhistorisch interessanter Bauten nachvollziehbar; zu sehen ist etwa ein Modell des 1961 abgerissenen Kaufhauses Schocken (s. dazu auch S. 86). (www.stadtpalais-stuttgart.de)

Stauffenberg-Erinnerungsstätte (Stauffenbergplatz): Der Gedenkort im Alten Schloss (I D5) erinnert an die Brüder Berthold und Claus Schenk von Stauffenberg, Widerstandskämpfer gegen den Nationalsozialismus. (www.hdgbw.de/ausstellungen/stauffenberg)

Straßenbahnmuseum (Veielbrunnenweg 3, s. Übersichtskarte): In einem denkmalgeschützten ehem. Straßenbahndepot von 1929 wird anhand von 34 historischen Fahrzeugen die Stuttgarter Straßenbahngeschichte von 1868 bis 2007 präsentiert. (www.ssb-ag.de/erleben/strassenbahnmuseum-stuttgart)

Theodor-Heuss-Haus (Feuerbacher Weg 46, II B2): Im einstigen Wohnhaus des früheren Bundespräsidenten (s. S. 137) informiert eine Dauerausstellung zu dessen Leben und Werk. Wohn-, Ess- und Arbeitszimmer sind mit ihrer Originalmöblierung und Kunstwerken erhalten. Wechselausstellungen zu historisch-gesellschaftlichen Themen. (www.theodor-heuss-haus.de)

Treffpunkt Rotebühlplatz (Rotebühlplatz 28, I C6): Wechselausstellungen der vhs-photogalerie der Stuttgarter Volkshochschule zeigen aktuelle Werke deutscher und internationaler Fotografen. (www.vhs-stuttgart.de)

Weinbaumuseum Stuttgart (Uhlbacher Platz 4, s. Übersichtskarte): In der »Alten Kelter« im Weinbauort Uhlbach zeigt eine Ausstellung die Entwicklung des Stuttgarter Weinbaus von der Römerzeit bis zur Gegenwart. (www.weinbau museum.de)

Weissenhofmuseum (im Haus Le Corbusier, Rathenaustraße 1, s. Übersichtskarte): Die Ausstellung informiert über die Geschichte der Weißenhofsiedlung und präsentiert Räume mit der Farbgebung und Raumaufteilung Le Corbusiers sowie mit rekonstruierten Möbeln. Zum Bau s. S. 131. (www.stuttgart.de/weissenhof)

Württembergischer Kunstverein (im Kunstgebäude, I D5): Wechselausstellungen zur zeitgenössischen Kunst, Performances, Film- und Vortragsreihen. Zum Bau s. S. 68. (www.wkv-stuttgart.de)

Anhang

KARTE III
Stuttgart – Übersicht
0
1
2
3 km
Stammheim
Ludwigsbu
27
10
A81
Porsche Museum
Zuffenhausen
Korntal
Greutter-wald
Hausen
Weilimdorf
Feuerbach
Thea
295
Giebel
Wolfbusch
Bergheim
Lindenbach
Killesbergturm / Höhenpark Killesberg
KARTE II
Kräher-wald
Stuttga Nord
Schloss Solitude
Feuerbach
STUTTGART
Stuttg Mit
Botnang
Vogelsang-siedlung
Stuttgart-West
Stuttga Süd
Rotwild-park
KARTE I
Neuer See
14
Siedlung Eiernest
27
Büsnau
Universität Stuttgart Campus Vaihingen
Sonnenberg
Degerloch
Vaihingen
Kaltental
Messe / Flughaf

Zazen-
hausen
Mönchfeld
Veitskapelle
Mühlhausen
Oeffingen
Freiberg
nhochhäuser
neo und Julia
Hofen
Max-Eyth-
See
Neugereut
ot
Schmiden
Neckar
ohnanlage
pachstraße
Stein-
haldenfeld
Münster
Burg-
olzhof
Sommerrain
Travertin-
säulen
FELLBACH
Kursaal
Cannstatt
seum
am
ventor
Wilhelma
Wilhelma-
Theater
Gottlieb-Daimler-
Gedächtnisstätte
Stadtmuseum
Bad Cannstatt
osensteinpark
Schloss
Rosenstein
Bad Cannstatt
Stauwehr
Kraftwerk
Straßenbahn-
museum
14
SWR
Funkhaus
Villa Berg
Lug-
insland
Kolonie
Ostheim
Mercedes-Benz
Museum
Leo-
Vetter-
Bad
Ev. Stadt-
pfarrkirche
Gaisburg
Stuttgart-
Ost
10
Neckar
Unter-
türkheim
Rotenberg
Grabkapelle
auf dem
Württemberg
Weinbau-
museum
Stuttgart
Robert-Bosch-Haus
Haus Ketterer
MUSE-O
Wangen
Uhlbach
Hafen
Ober-
türkheim
Frauen-
kopf
Frauenkopf
Rüdern
Rohracker
Hedelfingen
Fernseh-
turm
Lederberg
Mettingen
Sillenbuch
Schloss
Hohenheim
Heumaden
10

Nachweis der Karten und Abbildungen

akg images: S. 153; akg images / arkivi: S. 32, 85; akg images / euroluftbild.de / Octonauten UG: S. 157; Bildarchiv Foto Marburg / Rose Hajdu: S. 106; Cord Beintmann: S. 103, 115; Deutsches Literaturarchiv Marbach: S. 175; Klaus Kühner / Hüttenwerke: Karten in den Umschlagklappen, S. 128, 188 f.; mauritius images / Boris Lehner / Alamy: S. 41; mauritius images / Harry Laub / imageBROKER: S. 118; mauritius images / The History Collection / Alamy: S. 147; kirchbau.de / CC BY 3.0: S. 125; shutterstock.com / tichr: S. 51, 94; shutterstock.com / SmallWorldProduction: S. 68 f.; Vermögen und Bau Baden-Württemberg: S. 162; Fotografie Brigida González: S. 132; Wikimedia Commons / CC0 1.0: S. 10; Wikimedia Commons / Fred Romero / CC BY 2.0: S. 183; Wikimedia Commons / Julian Herzog / CC BY 4.0: S. 156; Wikimedia Commons / Pjt56 / CC BY-SA 3.0: S. 64

Weiterführende Informationen

Literaturhinweise

Bongartz, Norbert: »Neuer Stil« und Jugendstil. Zur Restaurierung der evangelischen Markuskirche in Stuttgart. In: Denkmalpflege in Baden-Württemberg 7 (1978) H. 1. S. 1–7.
– / Schleuning, Hans (Hrsg.): Stuttgart-Handbuch. Stuttgart 1985.
Braun, Adrienne: Mittendrin und außen vor. Stuttgarts stille Ecken. Konstanz 2014.
Brunner, Herbert / Reitzenstein, Alexander von: Baden-Württemberg Kunstdenkmäler und Museen. Stuttgart [8]1985.
Brunold, Andreas / Sterra, Bernhard (Hrsg.): Stuttgart. Von der Residenz zur modernen Großstadt. Architektur und Städtebau im Wandel der Zeiten. Tübingen/Stuttgart 1994.
Brunold, Andreas (Hrsg.): Stuttgart. Stadt im Wandel. Vom 19. ins 21. Jahrhundert. Tübingen 1997.
Dehio, Georg: Handbuch der Deutschen Kunstdenkmäler. Baden-Württemberg I. Die Regierungsbezirke Stuttgart und Karlsruhe. Bearb. von Dagmar Zimdars [u. a.]. Berlin 1993.
Deiseroth, Wolf / Naumann, Daniela / Hanke, Adelheid / Schneider, Alois: Denkmaltopographie Baden-Württemberg. Bd. 1.8.1. Stadt Ludwigsburg. Stuttgart 2004.
Ellrich, Hartmut: Das historische Stuttgart. Petersberg [2]2011.
Fecker, Herbert: Stuttgart. Die Schlösser und ihre Gärten. Stuttgart 1992.
Fischer, Joachim / Schuster, Wolfgang (Hrsg.): Neue Architektur Stuttgart. Hamburg 2009.
Franke-Höltzermann, Carola: Neues Stuttgart. Stuttgarter Baukultur 1996–2006. Berlin 2006.
Fülscher, Christiane / Philipp, Klaus Jan (Hrsg.): Stuttgart. Architecture Guide. Stuttgart 2017.
Gohl, Ulrich: Gesichter ihrer Zeit. Unbekannte Stuttgarter Bau- und Kulturdenkmale. Tübingen/Stuttgart 1992.
Groos, Ulrike / Froitzheim, Eva-Maria (Hrsg.): Die Sammlung. Kunstmuseum Stuttgart. Bielefeld/Berlin 2015.
Gühring, Albrecht: Marbach am Neckar. Führer durch die Schillerstadt und ihre Stadtteile. Marbach a. N. [3]2010.

Hajdu, Rose / Heißenbüttel, Dietrich: Theodor Fischer. Architektur der Stuttgarter Jahre. Tübingen/Berlin 2018.
Hammerbacher, Valérie / Krämer, Anja: Stuttgart. Architektur des 20. und 21. Jahrhunderts. Karlsruhe [2]2013.
Heißenbüttel, Dietrich (Hrsg.): Kunst in Stuttgart. Epochen, Persönlichkeiten, Tendenzen. Stuttgart 2013.
Hermes, Christian: Domkirche St. Eberhard Stuttgart. Lindenberg 2013.
Hirschfell, Marc / Voigt, Wolfgang (Hrsg.): Paul Bonatz. Bauten an Rhein und Neckar. Mit Fotografien von Rose Hajdu. Tübingen [7]2014.
Hoffmann, Gretl: Architekturführer Stuttgart und Umgebung. Stuttgart [2]1972.
Holl, Christian: Kunstmuseum Stuttgart. Berlin 2011.
– Liederhalle Stuttgart. Berlin 2007.
– Staatsgalerie Stuttgart. Berlin 2005.
Holoch, Helmut: Stuttgart im Wandel der letzten 80 Jahre. Stuttgart 1987.
Jaeger, Falk: Bauen in Deutschland. Ein Führer durch die Architektur des 20. Jahrhunderts in der Bundesrepublik und West-Berlin. Stuttgart 1985.
Joedicke, Jürgen / Plath, Christian: Die Weißenhofsiedlung. Stuttgart [3]1984.
Kähler, Gert: Architektour. Bauen in Stuttgart seit 1900. Braunschweig/Wiesbaden 1991.
Kirn, Daniel: Stuttgart. Eine kleine Stadtgeschichte. Erfurt 2007.
Kirsch, Karin: Weißenhofsiedlung. Kleiner Führer. Ein Denkmal der modernen Architektur. Stuttgart [6]2006.
Klumpp, Martin: Stiftskirche Stuttgart. Stuttgart [2]2006.
Kotzurek, Annegret: Kleine Geschichte des Alten Schlosses in Stuttgart. Leinfelden-Echterdingen 2003.
Lambrette, Uta / Schmolke, Birgit: Architekturführer Stuttgart. Berlin 2019.
Landesdenkmalamt Baden-Württemberg (Hrsg.): Inventur. Stuttgarter Wohnbauten 1865–1915. Stuttgart 1975.
Leipner, Kurt: Stuttgart – Daten zur Geschichte. Von den Anfängen bis zum Ausgang des 19. Jahrhunderts. Stuttgart 1987.
Lupfer, Gilbert: Architektur der fünfziger Jahre in Stuttgart. Tübingen/Stuttgart 1997.
Markelin, Antero / Müller, Rainer: Stadtbaugeschichte Stuttgart. Stuttgart 1985.

Mehlau-Wiebking, Friederike: Richard Döcker. Ein Architekt im Aufbruch zur Moderne. Braunschweig/Wiesbaden 1985.
Merten, Klaus: Residenzschloss Ludwigsburg. Die Gesamtanlage. Berlin/München ^{2}2014.
– Residenzschloss Ludwigsburg: Die Innenräume. Berlin/München ^{3}2014.
Miller, Max / Taddey, Gerhard (Hrsg.): Handbuch der historischen Stätten Deutschlands, Bd. 6. Baden-Württemberg. Stuttgart ^{2}1980.
Möhring, Harald: Ev. St. Leonhardskirche Stuttgart. München/Zürich 1984.
Nerdinger, Winfried: Theodor Fischer. Architekt und Städtebauer 1862–1938. Berlin 1988.
– / Tafel, Cornelius: Architekturführer Deutschland – 20. Jahrhundert. Basel/Berlin/Boston 1996.
Plarre, Stefanie: Die Kochenhofsiedlung. Das Gegenmodell zur Weißenhofsiedlung. Stuttgart 2001.
Roser, Matthias: Paul Bonatz. Wohnhäuser. Stuttgart 1992.
Sayah, Amber: Architekturstadt Stuttgart. Bauten – Debatten – Visionen. Stuttgart 2012.
– Architekturstadt Stuttgart. Wegweisende Bauten – aktuelle Debatten. Stuttgart 2018.
Schukraft, Harald: Wie Stuttgart wurde, was es ist. Ein kleiner Gang durch die Stadtgeschichte. Tübingen ^{5}2014.
Schweigard, Jörg: Stuttgart in den Roaring Twenties. Politik, Gesellschaft, Kunst und Kultur in Stuttgart 1919–1933. Karlsruhe 2012.
Simon-Philipp, Christina (Hrsg.): Wohnorte^{2}. 90 Wohnquartiere in Stuttgart von 1890–2017. Entwicklungen und Perspektiven. Stuttgart 2017.
Skrentny, Werner / Schwenker, Rolf / Weitz, Sybille / Weitz, Ulrich (Hrsg.): Stuttgart zu Fuß. 20 Stadtteil-Streifzüge durch Geschichte und Gegenwart. Tübingen ^{5}2011.
Stephan, Regina: Schloss Favorite in Ludwigsburg. Ulm 1997.
Voigt, Wolfgang / Frank, Hartmut (Hrsg.): Paul Schmitthenner 1884–1972. Tübingen/Berlin 2003.
Voigt, Wolfgang / May, Roland (Hrsg.): Paul Bonatz 1877–1956. Tübingen/Berlin ^{2}2011.
Wenger, Michael: Schloss Solitude. Berlin/München ^{2}2014.
Wörner, Martin / Lupfer, Gilbert / Schulz, Ute: Architekturführer Stuttgart. Berlin ^{3}2006.

Internetseiten

Allgemein

www.stuttgart.de
www.stuttgart-tourist.de
www.stadtlexikon-stuttgart.de
www.leo-bw.de/detail-gis/-/Detail/details/ORT/labw_ortslexikon/5/ort

Stadtführungen, -rundgänge und -rundfahrten

www.stuttgart.de/tourismus/stadtrundfahrt/stadtfuehrungen.php

Architektur

www.stuttgart-tourist.de/architektur-in-der-region-stuttgart

Museen

www.stuttgart.de/museen
www.stuttgart-tourist.de/museen-galerien-in-stuttgart

Kirchen

kirchen-online.org/kirchen--kapellen-in-stuttgart

Musik, Theater, Film, Festivals

www.stuttgart.de/theater
www.staatstheater-stuttgart.de
www.stuttgart.de/kultur-festivals

Öffentlicher Nahverkehr

www.stuttgart.de/oeffentliche-verkehrsmittel

Register

Akademie der Bildenden Künste 12, 125 f.
Akademie Schloss Solitude 101
Alexanderkirche 174
Alte Kanzlei 9, 23, 58, 60, 61
Altes Schloss 8, 9, 22 f., 34, 48–51, 55–58, 61, 66, 70, 180, 184
Alte Staatsgalerie 40 f.
Altes Waisenhaus 48 f., 70
Arbeitsgericht 98
Architekturgalerie am Weißenhof 130, 177
Arcotel 114–116

Bad Cannstatt 150–156
Baden-Württembergische Bank am Kleinen Schlossplatz 62 f.
Bibliorama – Das Bibelmuseum Stuttgart 177
Bismarckturm 136–138
Bohnenviertel 80 f., 83
Bosch-Areal 96
Brenzkirche 15, 124
Bundesbahndirektion 75
Bürohaus der LBBW 88
Bürohaus Stohrer 138 f.

Calwer Passage 29, 88
Carl-Zeiss-Planetarium 35 f., 177
Cloud No. 7 119

Dachaufstockung Immenhofer Str. 40 108
Denkmal für den Grafen Eberhard im Bart 36
Design Center Baden-Württemberg 90, 177
Deutsches Haus 86
Deutsches Literaturarchiv Marbach 175 f.
Diplomatensiedlung 135
Domkirche St. Eberhard 71–73, 101, 146
Domsingschule 146
Dorotheen Quartier 19, 78 f.

Eberhardskirche 71–73, 101, 146
Ehemaliger Selbstbedienungsladen 144
Ehemaliges Geschäftshaus Speiser 62
Eisenbahner-Wohnhochhäuser 119, 120
Erlöserkirche 14, 116 f.
Evang. Stadtpfarrkirche Stuttgart-Gaisburg 148

Ferdinand-Leitner-Steg 35 f.
Fernsehturm 18, 25, 109 f.
Festsaalbau der Freien Waldorfschule Uhlandshöhe 145
Friedrich-Ebert-Wohnhof 133
Fruchtkasten 58–60, 178

Gaisburger Kirche 148
Galatea-Brunnen 144 f.
Gedenkstätte Zeichen der Erinnerung 120 f.
GEDOK-Haus 139, 177
Generalkonsulat der USA 47
GENO-Haus 116
Georgskirche 121
Gottlieb-Daimler-Gedächtnisstätte 154, 177
Grabkapelle auf dem Württemberg 11, 153, 156–158
Gustav-Siegle-Haus 14, 82 f.

Hahn-Hochhaus 75
Hahn & Kolb-Haus 74
Hans-im-Glück-Brunnen 84 f.
Hauptbahnhof 14 f., 19, 25 f., 31–33, 35 f., 71, 114, 117, 180
Hauptstaatsarchiv 46 f.
Haus der Abgeordneten 39 f.
Haus der Geschichte Baden-Württemberg 80, 178
Haus der Katholischen Kirche 73
Haus der Musik im Fruchtkasten 178
Haus der Wirtschaft 90, 177
Haus Ketterer 143
Haus König von England 52, 58
Haus Vetter 133
Heusteigschule 105, 107
Heusteigviertel 83
Hindenburgbau 33 f.
Hochschule für Musik und Darstellende Kunst 42, 154
Hochschule für Technik 91
Hohenheim 10, 12, 23 f., 101, 110, 177
Höhenpark Killesberg 28, 35, 110, 123
Hoppenlaufriedhof 93
Hospitalhof 89 f.
Hospitalkirche 8, 22, 82, 88–90
Hotel Silber 19, 50, 79 f., 178
Hysolar-Forschungsinstitut 112

ifa-Galerie 49, 178
Institut für Leichtbau Entwerfen und Konstruieren 113
Internationales Zentrum der Universität Stuttgart 111

Johanneskirche 13, 97 f.
Johannesstraße 13, 97–99
John Cranko Schule 43
Justizgebäude 43–45

Kammertheater 42
Karlsplatz 19, 48–50, 55, 57, 78, 171
Kaufhaus Breuninger 19, 78
Kaufhaus Eberhardstr. 28 86
Killesbergturm 123
Kirche St. Georg 121
Kochenhofsiedlung 16, 134
Kollegiengebäude I und II 91
Kolonie Ostheim 146 f.
Königin-Olga-Bau 66, 70
Königsbau 11, 63–65
Krematorium Pragfriedhof 120

Kultur- und Kongresszentrum
Liederhalle 95
Kunstgebäude 14, 25, 37, 64, 68, 185
Künstlerhaus 178
Kunstmuseum 19, 26, 40, 48, 62–64, 178–180
Kunstraum 34 180
Kunststiftung Baden-Württemberg 180
Kunstverein 69, 185
Kurpark Bad Cannstatt 154
Kursaal Cannstatt 11, 154

Landesbank Baden-Württemberg 88, 114, 117
Landesbibliothek 18, 45 f., 48
Landesgeschäftsstelle des Diakonischen Werks 122
Landesmuseum Württemberg 57, 60, 93, 178, 180 f.
Landtag 16, 18, 22, 35, 38–40, 66
Lapidarium s. Römisches Lapidarium bzw. Städtisches Lapidarium
Lehenviertel 105
Leonhardskirche 8, 22, 81 f., 89
Leonhardsviertel 8, 83
Leo-Vetter-Bad 147 f.
Liederhalle 18, 25, 93–96
Lindenmuseum 25, 92, 180 f.
Literaturhaus 96, 181
Literaturmuseum der Moderne, Marbach 9 176
LOBA-Haus 145
Löwentor 151, 181
Ludwigsburg 159–174
Lusthaus 9 f., 34 f., 37, 68, 82

Mahnmal für die Opfer des Nationalsozialismus 45, 50
Marbach am Neckar 174–176
Markthalle 4, 19, 51 f., 56, 79
Marktplatz 8–10, 22, 76–78
Markuskirche 107, 108
Mensa der Universität Stuttgart 111
Mercedes-Benz Museum 19, 113, 155, 158, 181
Merkursäule 61
Messe 27, 90, 110
Metropol 71
Mietshausgruppe Schickhardtstraße 102
Milchbar im Höhenpark Killesberg 123
Mittnachtbau 15, 61 f.
MUSE-O 181
Museum am Löwentor 151, 181
Museum für Naturkunde 151, 181
Museum Hegel-Haus 76, 85, 181

Naturkundemuseum 151, 181
Neue Kanzlei 9, 62
Neue Staatsgalerie 41
Neues Schloss 10, 23, 34 f., 39, 56 f., 64, 66–68, 181

Oberpostdirektion 15, 74, 79
Oper 14, 19, 35, 37 f.
Ostheim 14, 146 f.

Porsche Museum 19, 139, 181
Postdörfle 114–116
Pragfriedhof 120
Prinzenbau 58, 60 f.

Rathaus 8, 14, 18, 25, 76 f.
Robert-Bosch-Haus 143 f.
Römisches Lapidarium 181
Romeo und Julia 140 f.
Rosensteinpark 35, 150–152
Rotebühlbau 87
Rotebühlplatz 185
Ruine des Neuen Lusthauses 37

Schauspielhaus 14, 19, 35, 37 f.
Schellenturm 81
Schickhardt-Gemeinschafts-schule, (Außenstelle Heusteig) 105, 107
Schickhardtstraße 102
Schicksalsbrunnen 38
Schillerdenkmal 38, 58 f.
Schillerdenkmal (Marbach) 176
Schillerhöhe (Marbach) 175
Schiller-Nationalmuseum (Marbach) 175
Schillerplatz 54, 58–60, 178
Schillers Geburtshaus (Marbach) 174
Schloss Favorite (Ludwigsburg) 172 f.
Schloss Hohenheim 10, 23, 101 f.
Schloss Ludwigsburg und Schlosspark 9, 23
Schloss Monrepos (Ludwigsburg) 142, 173 f.
Schloss Rosenstein 11, 24, 150 f., 181
Schloss Solitude 10, 23, 72, 99–101, 175, 177
Schlossgarten 11, 28 f., 31, 34–37, 67 f.
Schlosskirche 57 f., 82
Schlossplatz 19, 28 f., 31, 37, 58, 60 f., 63, 65, 67–70, 123, 179
Schul- und Vereinsschwimmbad 96 f.
Schulstraße 77 f.
Schwabtunnel 13, 102
Siedlung Eiernest 103
Siedlung Viergiebelweg 134
Silberado 97
Staatliche Akademie der Bildenden Künste 12, 125 f.
Staatliche Hochschule für Musik und Darstellende Kunst 42, 154
Staatliches Museum für Natur-kunde 151, 181
Staatsgalerie 9, 12, 14, 16 f., 19, 24, 26, 40–42, 48, 59, 155, 164, 181–183
Staatstheater 35–38, 48
StadtPalais (Stadtmuseum) 11, 13, 19, 26, 43, 47 f., 63, 86, 181, 184
Stadtbad Heslach 15, 104
Stadtbibliothek 19, 48, 117–119
Stadtgarten 90 f.
Städtisches Lapidarium 104, 183 f.

Stadtmuseum 11, 13, 19, 26, 43, 47 f., 63, 86, 181, 184
Stadtmuseum Bad Cannstatt 11, 26, 47, 184
Stauffenberg-Erinnerungsstätte 50, 184
Stauwehr mit Kraftwerk Bad Cannstatt 151 f.
Stiftskirche 8 f., 21, 23, 51, 53–56, 58, 79
Straßenbahnmuseum 185
SWR Funkhaus 150

Tagblatt-Turm 15, 74, 84, 150
Teehaus 109
Telegrafenbauamt 15, 150
Theaterhaus 27, 122
Theodor-Heuss-Haus 137 f., 185
Tobias-Mayer-Museum (Marbach) 174

Uhlandshöhe 145
Universität Stuttgart Campus Vaihingen 111–113
Universitätsbibliothek 92
Universitätscampus Stuttgart-Mitte 90
Veitskapelle 30, 154 f.
Villa Berg 11, 35, 149
Villa Bohnenberger 43 f.
Villa Kopp 143
Villa Reitzenstein 142 f.
Vogelsangsiedlung 99

Waisenhaus 48 f., 70
Weinbaumuseum Stuttgart 185
Weißenburgpark 109
Weißenhofsiedlung 16 f., 25, 41, 114, 126 f., 129–134, 143, 185
Wilhelma 11, 152
Wilhelma-Theater 11, 19, 153 f.
Wohnanlage Silberado 97
Wohnanlage Tapachstraße 141
Wohnhochhäuser Romeo und Julia 140 f.
Württ. Landesbibliothek 18, 45 f., 48
Württ. Kunstverein 69, 185

Zentrum für virtuelles Engineering 112 f.
Zeppelinbau 15, 33, 137
Z-UP 116
Zürich-Vita-Haus 86 f.

Zum Autor

Cord Beintmann, 1951 in Essen geboren, studierte Germanistik, Politikwissenschaft und Geschichte. 1991–93 arbeitete er bei der Landeszentrale für politische Bildung Baden-Württemberg als geschäftsführender Redakteur der Zeitschrift *Deutschland und Europa*. Bis 2017 war er Studiendirektor und Fachberater für Deutsch, Geschichte und Gemeinschaftskunde beim Regierungspräsidium Stuttgart. Er lebt als freier Kulturjournalist und Autor in Stuttgart.